世界秩序が変わるとき

新自由主義からのゲームチェンジ

齋藤ジン

文春新書

1478

はじめに　日本復活の大チャンスが到来した

　1995年秋、アメリカの大学院を卒業したばかりの私がワシントンDCのオフィスで仕事をしていたとき、デスクの電話が鳴りました。

　受話器の向こうは、ジュリアン・ロバートソンの秘書。ジョージ・ソロスのヘッジファンドと並ぶ巨大ヘッジファンド「タイガー・ファンド」の創設者兼オーナーです。業界にその名を轟かせる超ビッグネームで〝神様〟に等しい人物が、私と話したいと言うのです。

　電話口に出たジュリアンは余計なことは一切言わず、単刀直入に問いただしてきました。

「要するに、お前が言いたいのは、これこれこういうことなんだな？」

　彼は、私が書いたレポートの内容を確認するために電話をかけてきたのです。

　私がレポートの内容を噛み砕いて説明すると、彼は最後にこう念を押しました。

「じゃあ、お前はさらに円安が続くって言ってるんだな？」

「イエス！」

「わかった」

わずか数分間の出来事でした。

まさか業界の超大物がまだ30歳にも満たない駆け出しの若造に直接電話をかけてくるなんて。そして数時間後、ジュリアンが巨額の円売りを実行したことを聞きました……。

私の仕事は、「ヘッジファンドをはじめとするプロの資産運用者に助言をするコンサルタント」です。政策や政治の動きをウォッチし、政府当局者から話を聞き、データを読み解きながら、金融市場の見通しやリスクを分析する。そして、ヘッジファンドや金融機関、資産運用会社、政府系金融機関（ソブリン・ウエルス・ファンド）など、巨額のマネーを動かす国際的な顧客に、定期的にレポートを提供しています。振り返れば、この業界に身をおいて30年近くになりました。

私の会社のビジネスモデルは、顧客ニーズに合わせるオーダーメード型なので、顧客数は限定的ですが、高額な契約料になります。高額なコンサルティング契約を結ぶ以上、対話するだけの価値があると先方が考えない限り、破綻してしまうビジネスモデルなので、ストレスにもなりますが、学ぶことも非常に多くあります。

新自由主義の終わりと日本の復活

いわば資産運用業界の〝黒子〟に徹してきた私が、なぜ初めて本を書くことにしたのか。それは、日本の方々に伝えたいメッセージがあるからです。ひとことで言えば、日本は今、数十年に一度の大きなチャンスを迎えているということです。

2021年以降、私は世界のプロの投資家に対し、「新自由主義的な世界観に支えられてきた既存システムは信認(コンフィデンス)を失った。根幹世界観へのコンフィデンスが崩れた以上、パラダイムシフトが発生する」と訴えてきました。そしてその結果、勝者と敗者の入れ替え戦が始まり、日本は勝ち組になる、と。

当初はあまり理解されませんでした。話のスケールが大き過ぎて、具体的なトレードに落とすことができなかったのがその一つの要因でしょう。しかし時間の経過と共に、パラダイムシフトが明らかになり、今ではマクロの投資判断に不可欠な、むしろ最重要要因の一つになっています。

そして私が指摘したように、日経平均株価は2023年の春頃から上昇基調にあります。

今、私たちはアメリカにおけるトランプ現象、イギリスにおけるブレグジット、欧州における極右や自国中心主義の台頭、米中対立、ウクライナ戦争など、多くの混乱を目のあたりにしています。こうした激変は単発の事象がランダムに発生している結果なのでしょうか？

私はこれらの現象には共通の背景があると考えています。それは「新自由主義への反乱」です。

東西冷戦後の世界秩序を支えてきたのは、新自由主義的な世界観でした。本書で意味する新自由主義については第1章でより詳しく述べますが、端的に言うと、1930年代以降、世界システムの支配的な世界観となった「大きな政府」への挑戦として始まり、1991年のソ連崩壊を機に、新しく世界標準システムとして受け入れられるようになった「小さな政府」の価値観を指します。

政府の意思決定や役割を縮小し、市場原理、民間企業や各個人の意思、判断、選択をより重要視するものです。たとえば、各国政府の裁量が大きい通商政策の代わりに、ルールベースの貿易を促進するためにWTO（世界貿易機関）が作られたのは1995年です。

それは新自由主義的な価値観を現実化するためのメカニズムでした。

また、新自由主義は、性別、人種、国籍など属性の異なる各個人が、市場を通じて、世界中から自由に参加するシステムを目指すので、より平等で民主的な世界を目指す価値観でもあります。マイノリティの尊厳、権利、機会の尊重も1990年代以降、急速に浸透しました。

ところが今、新自由主義に対し、世界各地で強烈な反発が巻き起こっています。新自由主義の世界観は信認を失い、既存システムが大きく揺らぎ、機能しなくなっているのです。それを理解すると、トランプ現象やブレグジットだけでなく、米中対立やウクライナ戦争を紡ぐ共通項が見えてきます。

そうした現象が病気の症状だとすれば、それを一つ一つ個別に追うよりも、病根を見つける方が的確な対処と効果的な選択が可能になります。その病根こそが、それまで世界の行動規範となってきた新自由主義的価値観の崩落なのです。

カジノのオーナーはアメリカ

過去100年から150年程度を振り返ると、世界規模の価値観の地殻変動が二度起きています。第一の地殻変動は、「自由放任主義（レッセ・フェール）」から「大きな政府」への転換。第二の地殻変動は東西冷戦の終結に伴う新自由主義的世界観、「小さな政府」の台頭です。

そのどちらにおいても日本は重要な岐路に直面しました。最初のケースでは、日本は最終的に真珠湾攻撃に至ります。二つ目のケースでは日本経済のビジネスモデルが瓦解し、「失われた30年」に突入しました。大局的な観点から近現代史を見ると、今後、世界で何が起きるのか、それを考える上で非常に参考になります。

そして今こそ、それを考えるべきタイミングです。なぜなら、新自由主義的な「小さな政府」の世界観が地殻変動を起こしているからです。

既存システムが大きく変わるときは、それを支えてきた世界観、統治観も変化します。たとえば、7世紀の「大化の改新」は、それ以前の豪族中心の統治観が揺らぎ、天皇を中心として、唐の律令制や儒教を応用した世界観への変化に繋がりました。鎌倉幕府と武士の世、黒船来航と明治維新、昭和の敗戦、20世紀末の東西冷戦の終結も同じです。

ある世界観には、必ず「裏書人」がいます。そして、新しいシステムを支える世界観ができるとき、必ずシステムの「裏書人」に有利なようにつくられます。たとえば武士の台頭と鎌倉幕府の誕生により、小さくは執権となった北条家、大きくは武士階級全体の統治を正当化する世界観が浸透しました。それが覇権を握る者（覇権国家）の特権です。ある意味、カジノのオーナーと一緒で、必ずハウスが勝つようなシステムを築きます。

産業革命以降においてはイギリスが、第二次世界大戦後はアメリカが「カジノのオーナー」となりました。アメリカが覇権国家であり続ける限り、必然的に次のシステムを支える世界観もアメリカに有利なものにしようとするでしょう。

ここで重要なポイントは、既存システムを支えてきた世界観が変化するとき、新しい勝者や敗者が生まれる点です。実際、新自由主義へのパラダイムシフトが起きたとき、それを主導し、変化をうまく乗り切ったのは、カジノのオーナーであるアメリカですが、アメリカは日本を勝てないテーブルに座らせました。冷戦下の日本は「大きな政府」時代のゲームで勝ちすぎたため、アメリカの戦略的競争のターゲットになったのです。

新自由主義の下で、日本はまさに最大の敗者となりました。政財官の「鉄の三角形」に支えられた日本株式会社方式の経済はボロボロになり、「失われた30年」で日本の地位は低下し続けます。

逆に、新自由主義台頭の恩恵を最も享受したのは中国でした。グローバル化によって世界の工場の地位を確立し、技術移転によって急速な成長を遂げています。

そして今、私たちの目の前で、新自由主義的世界観が音を立てて瓦解しつつあります。新自由主義によって潤った中国もアメリカに挑戦する姿勢を隠そうとしなくなりました。カジノのハウスの地位をもぎ取ろうとする中国を、アメリカが黙って見過ごすことはないので、それを新冷戦と呼ぼうと、米中デカップリング（分断）と呼ぼうと、不可逆的な流れであることは間違いありません。

新自由主義に代わる新たな世界観がこれから登場するとともに、再び勝者と敗者の入れ替え戦が始まるのです。


新たなカジノのルールに乗り遅れないために

アメリカは「ここに座れば勝つ」というテーブルを、日本のために用意しています。もっとも、アメリカは善意で日本に勝たせようとしているのではありません。覇権国家は、自らの地位を脅かす存在を叩きます。日本が新自由主義の下で徹底的に叩かれたのも、東西冷戦下でアメリカの庇護を受けた日本経済の勢いが本家アメリカを脅かすようになったからです。

しかし今、アメリカは中国を封じ込めるために、「強い日本」の協力が不可欠になっています。この環境変化は、第二次世界大戦後、冷戦下のアメリカがソ連を封じ込めるため、「強い日本」を求めた時と似た状況です。

ではは日本はこの千載一遇のチャンスをつかめるのでしょうか？　懐疑派は指摘するかもしれません。たとえば「少子高齢化の日本にそんな力はない」と。しかし江戸時代末期に黒船が到来した時、あるいは戦後すべてが焼け野原になった時に与えられたチャレンジと比較すると、私には今の日本の方がずっと潜在的に優位な立場にあると思います。

いずれにせよ、いまこの瞬間、私たちの目の前で、次の30年を規定するであろう、新たなカジノのルールが書かれようとしています。

そして同時に、日本の社会・経済は「失われた30年」というデフレのノルム（常態）から解き放たれつつあります。日本はすでに変わり出しました。

世界のマネーの奔流を見てきた私は、それを肌で感じています。日本という国家と、日本人の皆さんがこのゲームチェンジに取り残されないよう、私はこの本を書きたいと思ったのです。

◎目次

構成・平田久典

第1章　新自由主義とは何だったのか？

システムは「コンフィデンス・ゲーム」である

ドナルド・トランプが米政界の舞台中央に現われ、ニュースや人々の話題になった頃、日本の知人たちからよく、「トランプ支持者はいったい何を考え、何を望んでいるのか?」という質問を受けました。

私が、「アメリカの有権者の約45%が求めているのは、『既存のシステムを壊してくれ』ということです」、そう回答すると、次の質問は、「壊した後をどうするつもりなのか?」、となります。

しかし、新しいシステムはどうあるべきか、トランプ支持者の間にはコンセンサスはありません。トランプ本人を含めて明確なビジョンを持っている人はいないでしょう。ただ、トランプは天才的な嗅覚の持ち主だと思います。新自由主義が世界にもたらした富の偏在などに対するアメリカ人の鬱積した感情や、この世界観の唱える「べき論」への敵意を直感的につかんでいました。しかし、エリートたちはそれに気づかない、気づきたくない、できればこのままやっていきたいと思っている、彼はそこを見逃さなかったのです。

換言すると、トランプ現象は、新自由主義という既存のシステムへの信認（コンフィデンス）の揺らぎであると私はとらえています。

極端な比較をお許しいただければ、第一次世界大戦後に課された過酷な賠償金や長引く不況で苦しんでいたドイツにおいて、ナチスが台頭した状況と類似しているかもしれません。当時のドイツの人々の望みを一言で言うと、「この苦しみから解放してくれ」ということであり、アドルフ・ヒトラーはそれに応えました。事実、ヒトラー率いるナチスを権力の頂点へと押し上げたのは、合法的な選挙でした。

ここでちょっと頭の体操をしてみましょう。

世の中の仕組み、つまり既存のシステムは、最初から決まっているものではありません。たとえば民主主義や資本主義など、私たちが「当たり前」だと思っているものでさえ、全知全能の神が人間に与えたものではありません。

では、なぜ私たちはあるシステムを受け入れるのでしょうか。それは、システムの根底に、その世界観や統治観への信認があるからです。私たちは紙幣を「価値があるもの」とみなしています。それ自体はただの紙でしかないものでも、「別の商品と交換可能な値打ちがある」というコンフィデンスがあるから流通しているわけです。それと同様、私たちは民主主義や資本主義に対し、コンフィデンスを持っています。

強権国家では、システムへのコンフィデンスは秘密警察や軍隊に象徴される「恐怖」と

「暴力」、そして独裁者には逆らえないという「諦念」に支えられているかもしれません。

しかし、何らかのきっかけで独裁システムへのコンフィデンスが揺らいだ瞬間、世の中は変わります。１９８９年にルーマニアのチャウシェスク独裁政権が瓦解した瞬間のドラマチックな映像をご記憶の方もいらっしゃるでしょう。昨日までは誰も声をあげられなかったのに、民衆が大統領府を取り巻き、秘密警察や軍も民衆の側に寝返り、大統領が処刑される――。

このように考えてみると、あらゆる既存システムは一種のコンフィデンス・ゲームと言えます。多くの人々がそれにコンフィデンスを置いているうちは、既存システムは機能しますが、ひとたびそれが揺らぐと、勝者と敗者がひっくり返る可能性が出てきます。

そして今、そのゲームチェンジが新自由主義に対して起きているのです。

「新自由主義」の三大要素

本書では、「新自由主義」という言葉をかなりルーズにつかっており、主に大きく三つの特徴を持つ世界観・統治観として位置づけています。

第一に、その世界では「大きな政府」より「小さな政府」が善きものとされます。政府による介入は少なければ少ないほどよい、という考え方です。

第二に、そこでは政府や政治に代わる〝裁定者〟の役割を「市場（マーケット）」に委ねようとします。公平なルールを定めておけば、あとは裁量的な介入の小さい市場原理や経済合理性が決着をつけてくれる（と想定されている）世界です。「市場が一番よく知っている（The market knows best.）」という有名なフレーズは、「神の見えざる手」の換言であり、マーケット至上主義の核心を凝縮したものだと言えるでしょう。

第三に、その世界では個人の権利と選択を尊重し、政府や宗教を始め、個人の生き方に干渉するものを最小化すべきだと説きます。市場を媒介にした世界であれば、性別や国籍、年齢、人種、民族、宗教といった属性に伴う待遇の違いは小さくなるはずです。属性をはぎ取った後にその個人に残る能力や個性にこそ価値があるのであり、そんな個人が競い合うことは平等であり、民主的だと考えます。

さらに派生的なポイントを挙げると、新自由主義はより民主的で、全員参加型の市場経済を共有することで相互依存が高まり、戦争も抑制されるとの前提に立っています。

必然的に、①政府の介入は小さいほどよく、②すべてはマーケットを通じて最適化され、③各個人が自らの能力や個性で勝負することができる、こうした条件を満たすには、政治より「経済」が重要だという認識が共有されることになります。

それを象徴するキャッチコピーが1992年のアメリカ大統領選挙で使われました。「It's the economy, Stupid!」、直訳すると「経済でしょう、お馬鹿さん！」になりますが、意訳すると、「何が重要？　経済でしょう！」みたいな感じでしょうか。民主党候補ビル・クリントンの選挙参謀を務めたジェームズ・カーヴィルが打ち出したものですが、本人がそこに込めた以上に時代の地殻変動を先読みし、その核心を衝いた言葉でした。

「冷戦を勝利に導いた大統領」として、その功績を大々的にアピールしていた対抗馬の現職大統領ジョージ・H・W・ブッシュの強みを封じるため、カーヴィルは経済の時代の到来をこの選挙スローガンに込めたのでした。そして、実績では遥かに見劣りするアーカンソー州知事をホワイトハウスへと導きました。冷戦に勝利した現職大統領の敗北は、まさに世界が時代の転換点にあることを告げる象徴的な出来事と言えるでしょう。

新自由主義の「新」が意味するもの

では、そもそも、一体なぜ、そしていつ頃から私たちは新自由主義の世界を生きるようになったのでしょうか。統治世界観の変遷を中心に歴史を簡単に振りかえってみましょう。

20世紀初頭までは、「自由放任主義（レッセ・フェール）」という世界観が信認されていました。第三身分やブルジョワと呼ばれた商人たちが自由に商売を通じて儲けることができる社会が形成され、所有権を含めた個人的権利の尊重など、それ以前の世襲王侯貴族による政府権限の乱用を抑制する統治観でした。

しかし同時に、弱肉強食の世界であり、社会ダーウィニズムが正当化されています。勝者である資本家による労働者への過酷な搾取が日常化し、外に対しては植民地主義による他民族の隷属化が列強の間で繰り広げられました。

これは現代を生きる私たちの感性からすると、極めて許しがたいシステムと言えますが、それ以前の身分制の王侯貴族統治時代と比較すると、遥かに進歩的で啓蒙された世界観です。世襲特権階級の裁量によって大多数の庶民の生き方や経済活動が干渉されるのではなく、より多数の市民によるルールベースの統治システムだからです。リベラルという言葉はその時代や文脈によって様々な意味合いを持ちますが、自由主義（リベラリズム）の世界観は、世襲特権階級が権限を独占した政府からの自由を求めることから始まります。

その実践には様々な問題があるにせよ、アメリカの独立宣言によって掲げられた理念、「すべての人間は生まれながらにして平等であり、その創造主によって、生命、自由、および幸福の追求を含む不可侵の権利を与えられている」は今でも民主主義国家の市民にとって進むべき方向を指し示す北極星としての輝きを失っていません。

落ち着いて考えてみると、当時は、日本では「暴れん坊将軍」徳川吉宗が亡くなり、田沼意次《おきつぐ》が幕政で手腕を振るった時期ですので、その啓蒙度合いには驚愕します。もちろん、奴隷制度を含め、アメリカ社会の理想と現実の間に大きなギャップがあったのは確かですが、社会が目指すべきシステムの世界観としては画期的なものと言えるでしょう。

この「古典的な」自由主義は、江戸時代末期、「黒船の来航」というかたちで日本にやって来ました。溺れる犬になるよりは食う犬になれ、ということで、日本は「脱亜入欧」を掲げ、富国強兵政策に邁進《まいしん》します。その結果、欧米列強と伍する存在にのし上がることに成功しました。

しかし、レッセ・フェールは1930年代に世界を襲った大恐慌で幕を降ろします。実際には大恐慌以前から、幾つもの問題点が顕在化していました。「小さな政府」を善しとするため、民間でできることは民間に任せ、政府はできるだけ介入しない。それゆえ、少数の企業や財閥による市場の独占・寡占の問題が深刻化し、貴族の代わりに少数の資本家が多数の労働者を搾取することが問題となっていたのです。

イギリスでは世界初の労働組合が1868年には誕生していますし、アメリカでも1886年には労働組合の全国組織が作られました。またアメリカ政府は1890年に独占禁止法（シャーマン法）を制定し、1911年には、大財閥ロックフェラー傘下のスタンダード・オイルの解体も行っています。

「小さな政府」から「大きな政府」へ

大恐慌で機能障害に陥った「小さな政府」の信認が瓦解する中、振り子はその逆の「大きな政府」に振れましたが、そこには大きく三つのパターンが確認できます。

第一に、共産主義（スターリン）型の「大きな政府」。

第二に、ニューディール政策に代表されるフランクリン・D・ルーズベルト（FDR）型の「大きな政府」。

第三に、日本の軍国主義を含んだ広義のファシスト型の「大きな政府」。

この3種類の「大きな政府」は、競い合うようなかたちで、経済・社会への政府介入を開始しました。

たとえばこの時期、日米独では公共事業が盛んに行われています。アメリカとドイツでは高速道路網が整備されました。この種の公共事業は社会インフラを整備すると同時に、大量の雇用を生みますが、日本でも高橋是清蔵相の「高橋財政」下、大型の公共事業が実施されています。

それと同時に、ナチスドイツ、ソ連、日本では政府が正しいと判断した価値観を押し付ける思想統制が強化されました。政府は経済活動だけでなく、個人の考え方や好みにまで干渉するようになったのです。

世界観や統治観が変質するとき、変わるのは経済・政治制度だけではなく、それを正当化するために市民の行動規範に関する価値観や社会ルールも変化します。ファシスト型、スターリン型が国家経済統制と国家思想管理を同時に徹底したのに対し、FDR型の「大きな政府」は、それ以前のレッセ・フェール的な要素の欠陥を修正しながら、何とか資本主義体制と折り合いをつけてやっていこうというものでした。またルーズベルト大統領による価値観への干渉はソフトなものであり、その後の民主党の伝統となるマイノリティへの保護を充実させる狙いを持つものでした。虐げられていた労働者を始め、多くの黒人、カトリック、ユダヤ系といったマイノリティがニューディールの支持者になっていきます。

3通りの「大きな政府」の対立は、第二次世界大戦によって、まず、ファシスト型が脱落しました。戦争で疲弊したＦＤＲ型とスターリン型はそれ以上の戦争を避け、冷戦という持久戦に突入します。

　冷戦下で大きな果実を手にしたのが、日本でした。日本は第二次世界大戦でアメリカに徹底的に叩かれたものの、冷戦後は東アジアにおける共産主義陣営に対する橋頭堡となり、地政学的に重要な国として優遇されるようになったのです。日本経済は急速な成長を遂げ、それは東西冷戦の終結まで続きます。これについては第3章で詳しく説明します。

米英両国で起きた「小さな政府」への大転換

　１９３０年代から始まった「大きな政府」も、40年の年月を経て１９７０年代にもなると、経済的な非効率性が露わになり、スタグフレーション（景気後退と物価上昇の同時発生）に陥ります。肥大化した非効率な公的セクターを何とかしなければならない、というとき、イギリスにはマーガレット・サッチャーが、アメリカにはロナルド・レーガンが登場します。１９７０年代末から１９８０年代初頭のことです。

　サッチャーとレーガンはともに深刻な問題に直面していました。イギリスにおいては「英国病」と呼ばれた高失業率や国際競争力の低迷、アメリカもスタグフレーションや双子の赤字（経常赤字と財政赤字）といった難題を抱えていました。両国はそれぞれ打開策として「サッチャリズム」、「レーガノミクス」と呼ばれる経済政策を打ち出しますが、これらの政策の核心が、市場メカニズムを重要視する新自由主義の世界観に基づいた、「大きな政府」から「小さな政府」への大転換でした。

ただ、誤解のないように強調しておきたいのは、レーガンやサッチャーは、レッセ・フェールのような弱肉強食の時代に戻そうとしたのではないということです。「大きな政府」の長所を取り込みながら、どのように経済分野における政治の関与を小さくしていくか（＝新自由主義の理念を実現するか）という課題に取り組んだのです。

これが新自由主義の「新」の部分と言えるでしょう。

「小さな政府」といっても、アメリカのGDP対比で見た財政赤字はこの時期に悪化しているので、政府は小さくなっていないとの反論もあるでしょう。ただ、先ほど説明したように、本書では「小さな政府」という言葉を政府財政の規模ではなく、「政府干渉の程度」に重点をおいて使っています。

ワシントン・コンセンサス

１９８０年代はアメリカがソ連との冷戦の最終局面に突入すると同時に、新自由主義的な世界に向けての準備を加速度的に始めていた時期でした。

たとえば、１９８９年のワシントン・コンセンサスは市場ベースの経済システムの構築を提言しています。財政政策、税制、政府規制、通商政策、公営企業などは政府が勝者と敗者を決めるので、そうした動き（つまり政府介入）を縮小し、金利、為替、貿易、所有権の自由化を謳っています。

特に為替レートと金利を自由化する場合、政府がその適正価格を判断するのではなく、多くの市場参加者の需要と供給の均衡点に任せることになるので、より実態に即した裁定価格の発見が可能になるはずです。そして政府規制、通商政策、公営企業といったマネーの自由なフローを阻害する障害物が少なくなればなるほど、より効率的な資金の流れが可能となり、結果として経済効率が高まるという考え方です。

経済のマクロ調整ツールには通常、財政政策と金融政策があります。経済状況に応じてこの二つを操作して体温調整を行うのですが、財政政策の場合、政府裁量でマネーの行き場が決まります。政府判断が正しいときもあるでしょうし、（たとえば国防費のように）政府だからこそできる財政出動もあるでしょう。しかし平時には財政政策を一定として、金融政策を体温調整の蛇口として開け閉めする方が、効率性が高いとの議論は説得力があります。金利は市場メカニズムを経由して経済を調整するからです。

日本におけるバラマキ財政への批判にもあるように、財政政策には既得権益を生み出すという副作用があります。同じように政府が税制政策を使い、富の再分配を行う場合も、自由競争に対する介入となりますし、バランスを間違えると労働意欲を削ぐことにもなりかねません。

そこで新自由主義的な考え方に立つ場合、政府裁量が働く財政・税制政策、産業政策、通商政策、公営企業などは全て最小限化し、金融政策を使って経済循環の体温調整をするべきだとの帰結に繋がります。

そして短期の政策金利を調節する中央銀行の金融政策を予想し、その結果として市場が自由に決める長期金利がどう動くのか、為替レートがどう動くのか、それを先読みする投資をマクロプレーと呼びます。第2章で詳しく述べますが、私がこの仕事を始めたのは、まさにマクロプレーをメインとしたヘッジファンドの勃興期でした。

新自由主義の世界的な拡大

統治観の変化は、ある朝突然に発生するものではありません。従来のシステムの矛盾が徐々に表面化する、制度疲労が誰の目にも明らかになってくるといったプロセスを経て、次第に人々の間で共有されていくものです。

実際、レーガノミクスやワシントン・コンセンサスは当初、「大きな政府」の信奉者であるリベラル派によって様々な批判を受けました（先ほど、リベラルという言葉はその時代や文脈によって様々な意味合いを持つと指摘しましたが、ここで言うリベラルは現在、日本でも使われている意味合いで、革新勢力、「左派」的なニュアンスです）。

しかし冷戦も終結してしばらくたった1996年になると、FDR以来、伝統的に「大きな政府」を支持してきた民主党のクリントン大統領が、「大きな政府の時代は終わった」と明言します。アメリカにおける統治世界観の変遷の中で、新自由主義が完全に勝利した瞬間でした。

ちょうど同じ年、日本では橋本政権が「金融ビッグバン」と呼ばれた金融市場の規制撤廃・緩和策を発表していますが、これもそうした世界の統治観の変化に対応したものです。

世界を見ても、従来の二国間貿易協議を主体としたものから、全世界的な共通ルールを確立する動きとしてWTOが設立されたのは1995年です。単純化して言うと、世界貿易の土俵を同じにして、そのルールの中で自由に競争させましょう、という発想です。

欧州では、ドイツ、フランスとその間のベネルックス（ベルギー、オランダ、ルクセンブルグ）が検問所での国境審査を取り払うことに同意したのが1985年、このシェンゲン協定が実際に発効したのは1995年になります。検問なしでの人やモノの行き来が可能になれば、当然、ビジネスコストは低下します。

それと同時に経済や司法のルールを欧州域内で統一すれば、WTO同様、各国の裁量的な介入が減少し、システムは平準化します。その努力の賜物《たまもの》として1993年発効のマーストリヒト条約で創立されたのがEU（欧州連合）です。また加盟国が自国通貨を放棄して共通通貨を導入することは、為替コストを始めとした様々な無駄を撤廃できるので、新自由主義的な世界により近づきます。ユーロが導入されたのは1999年でした。

経済ファーストを象徴する「三銃士」

この時期に起きた変化を象徴するエピソードとして、米『タイム』（1999年2月15日号）の表紙を取り上げたいと思います。「世界を救う」三銃士として、中央にアラン・グリーンスパンFRB（米連邦準備制度理事会）議長、左右にロバート・ルービン財務長官とローレンス・サマーズ財務副長官の３名の米金融当局者が並んだ写真を掲載したのです。表紙の見出しにはこうあります――「３人の市場管理人（marketeers）はいかにしてグローバルな経済メルトダウンを（今のところは）防いできたか、その舞台裏」。

この表紙は新たな時代を象徴するものでした。冷戦時代に「世界を救う」機能を果たしてきたのはホワイトハウスのナショナル・セキュリティ・チーム（外交・安全保障部門の高官たち）でしたが、その時代が終わったことを示唆したのです。

前述したように、ワシントン・コンセンサスの世界観を実践に移していくと、金融政策の重要性が拡大するので、ＦＲＢ議長のグリーンスパンはロックスターのようなステータスを得ました。そして脇を固めるのは金融市場に精通したルービンであり、経済学者のサマーズです。

冷戦下であれば、ホワイトハウスの経済チームが何と言おうと、国家安全保障チームに拒否権がありました。しかしこの表紙は、経済チームが国家安全保障チームよりも強力になったことを暗示するものだったのです。

冷戦下のＦＲＢ議長の名を知っている方はあまりいないでしょうが、安全保障政策をリードしたキッシンジャーやブレジンスキーの名をご存じの方は多いのではないでしょうか。

その一方、ここ数十年、グリーンスパンやバーナンキの名は聞いたことがあっても、ホワイトハウスの国家安全保障問題担当補佐官の名前が言える人は限定的だと思います。

その後、9・11同時多発テロとブッシュ政権のアフガニスタン・イラク戦争によって国家安全保障チームの重要性は一時的に回復しますが、政権の基本的な世界観が新自由主義であったことは疑いありません。元々、それを推し進めたのは共和党でしたから。そして2008年9月にリーマンショックが発生したこともあり、2か月後の大統領選挙で民主党のバラク・オバマが勝利すると、再び経済チームが舞台中央に戻ってきます。このときの経済チームは、ローレンス・サマーズやティモシー・ガイトナー、ジーン・スパーリング、ジャック・ルーなど、主にクリントン政権の元高官で構成されていました。

彼らの「経済ファースト」を象徴するのが、2010年代半ばに中国が南シナ海で活発化させた人工島の埋め立ておよびその軍事拠点化に対するオバマ政権の対応でした。当時、近隣のフィリピンやベトナムが中国に強く抗議し、オランダ・ハーグの常設仲裁裁判所が、中国が歴史的権利を主張する「九段線」で囲まれた海域について根拠を欠くものとして全面否定するなど、アジア太平洋地域の安全保障にとって重大な事案が発生していました。

しかし、オバマ政権は積極的な対応をとることも、米中首脳会談の席でこのことを強く抗議することもありませんでした。地政学的な危機は過小評価され、中国におけるビジネス権益の維持が優先されたのです。

これは２０１４年にロシアがウクライナの領土に武力侵攻した「クリミア危機」の時の対応でも同様でした。オバマ政権は、特にロシア産エネルギーに頼るドイツなど、ロシアとの経済的利益を優先するＥＵ諸国の考えを優先したのです。

グレート・モデレーション

新自由主義の統治観やルールベースの商慣行が世界経済に普及していくと何が起きるのでしょうか？

まず、マネーが効率的に流れることでビジネスコストが低下しますから、インフレーションが起きにくくなります。つまり、物価が安定し、結果として金利が低下していきます。グリーンスパンはこうした変化を指して「グレート・モデレーション（大いなる安定）」と呼びました。

金利を含めたビジネスコストが低下すると、投資リターンを得るまでの時間を長く設定できますので、業界用語でいう「デュレーション・リスク」が低下します。逆に、金利コストが高い場合、比較的早期のリターンがないと借入金の返済が難しくなってしまいます。金利を含めてビジネスコストが低いと長期的な投資がやりやすくなるのです。ＩＴベンチャー企業への投資の場合、10狙って二つ三つあたれば元が取れるので、ベンチャーキャピタルにとって、低金利は非常に魅力的です。しかも低インフレの世界が定着する場合、経済に何か大きなショックがあっても、インフレを心配する必要のない中央銀行が積極的な金融緩和に踏み切ってくれるので、リスクシナリオが発生しても逃げ道があります。

グレート・モデレーションはアメリカのＩＴ革命をマネーの面から大きく後押ししました。そしてＩＴ化はコストダウンにつながるので、低インフレ環境をさらに強めるという好循環になります。

同時に二国間の通商協議の代わりにＷＴＯを中心とした全世界的なルールベースの国際貿易秩序が確立すると、ビジネスリーダーは一番便利で価格競争力のあるところにサプライチェーンを築くようになります。新自由主義によって世界経済が繋がり、一つの大きな市場になっていくと、これもまたビジネスコストの低下を通じ、インフレを低下させます。

そんな中、２００１年には当時13億の人口を持つ中国がＷＴＯに加盟し、世界的に安価な労働供給が可能になりました。デジタル化とグローバル化が相乗効果のループとなり、世界経済は低インフレ、低金利が常態になります。

グローバリストとデジタリスト

グローバル化についていえば、先にWTOやEUの話をしましたが、英語が今のようなかたちで「世界共通言語」になったのも1990年代です。1980年代から1990年代頭くらいまでは、ドイツ語とかフランス語とか数か国語話せるのが偉い、カッコいいといったところがあったように思いますが、今ではドイツ語やフランス語を勉強するくらいなら、まず英語がちゃんと使えるようになったほうがいい、という流れになっています。

実際、欧州中央銀行（ECB）が誕生したのも1990年代ですが、皮肉なことに、その参加国の中に、英語が第一公用語という国は一つもありません。文化的多様性という観点からは、別の見方をすべきですが、経済効率という点に限って言えば、みんなが一つの言語でコミュニケーションをとれる方が楽なのです。

ここで「グローバリスト」を具体的に定義するつもりはありませんが、国境の壁を超えて、政治的・経済的・社会的・文化的な活動を展開する人たちくらいに受け取ってくださ い。ある意味、オーガニック（自然発生的）に発達した土着の文化、風習、言語、民族など、従来の意味での国家観を尊重するのが「ナショナリスト」であれば、その対義語です。多国籍企業や、私が身を置いている国際金融業界もグローバリストに属します。

「デジタリスト」は、今でいうGAFAM（グーグル、アップル、フェイスブック、アマゾン、マイクロソフトの頭文字を並べたもの＝ガーファム）に代表される情報通信技術分野の従事者やその愛好者をイメージしていただければと思います。彼らの存在は今でこそ巨大ですが、実はそれほど歴史があるわけではありません。パソコンが普及し始めたのは1990年代ですし、当時はまだインターネットの黎明期でした。アメリカで家庭向けデジタル回線が普及するようになったのも1990年代です。

国際的な仕事をするにせよ、デジタルな仕事をするにせよ、従来の国境や個人の属性を超える「グローバル市民」の動きは1990年代以降の産物であり、彼らはアメリカ全体を代表するものではありません。西海岸と東海岸を拠点に、新自由主義的な世界観の台頭の恩恵を受けた少数派のエリートと言っても過言ではないかもしれません。

属性を超越する「グローバル市民」という価値観

新自由主義は政府裁量を嫌い、個人の能力と個性を尊重する価値観を基調にしていますが、それは性別、年齢、国籍、人種、文化、宗教その他様々な個人に関する属性を超越した「グローバル市民」を追求する世界観でもあります。

実際、私がアメリカで働き始めたとき、それはたんなる理想論ではなく、現実として存在していました。第2章で詳しく述べますが、私は性的マイノリティなので、新自由主義の台頭と社会の変化をリアルタイムで体感しています。

個人の能力による評価アプローチを英語では「メリトクラシー（能力主義）」と言いますが、この「グローバル市民」の理念は、各個人はメリット（能力）や個性によって評価されるべきだという価値観を後押しするものです。グローバリストやデジタリストはそれを民主的であり、個人を活かす制度だと考えます。

この考え方をさらに引き延ばしていくと、国境、人種、文化、宗教といったあらゆる垣根を超越した安定的な民主主義的世界が到来し、戦争もなくなっていくという考え方につながります。経済を絆としてよりインターディペンデント（相互依存）になれば、戦争のような愚かな行為はコストが高すぎるので、誰も望まなくなる、とのロジックです。実際に１９９０年代にはその希望は高いものでした。共産圏の崩壊があり、民主主義を模索する国が数多くあらわれましたし、軍縮も目覚ましく進展しました。

アメリカが共産主義独裁国家である中国をWTOという国際通商システムに引き込んだのも、たんに13億の民の市場を狙っただけではありません。経済でつながることによって、「いずれ中国も民主主義国家と同じ価値観を持つようになる」という思いがあったのです。ソ連の二の舞になるのが嫌なら、中国も私たちのようになるだろう、と特にアメリカ人は信じて疑っていなかったのです。

人権運動の取り組み方にも変化

新自由主義の広がりは、人権運動のあり方にも影響を与えています。

1960年代から1970年代にかけて盛り上がった「公民権運動」は、まさに「大きな政府」やそれを支持する左派リベラリズムの考え方を象徴するムーブメントでした。マーチン・ルーサー・キング牧師は民間人ですが、偉大なるリーダーとして強い指導力で人々を引っ張りました。キング牧師とその仲間には、自分たちが「正しい」という信念がありました。

しかし運動にキング牧師やその仲間という中核が存在していたことは、「大きな政府」的なコントロールのもとで社会を変えていこうという発想と親和性があります。ある意味、

「上から目線」の運動と言えるかもしれません。

これに対し、１９９０年代以降の社会的ムーブメントは、どこか一点に運動の中心があるというよりは、ネットワーク型です。中核が存在しないという意味において、マーケットベースとも言えるかもしれません。たとえば女性の社会進出にしても、誰かシンボリックなリーダーが存在するのではなく、雨後のタケノコのキノコのように同時多発型で、それぞれが自らの場所でやれることをやるスタイルが主流になっていきます。

１９７０年代に声を上げた勇気あるフェミニストやレズビアンの果たした役割を否定するつもりはありませんが、彼女たちは自らの正義や女性解放の定義を絶対視する傾向がありました。たとえば彼女たちは当初、トランスジェンダー女性を認めず、明確に差別していました。彼女たちの定義する「女性」にフィットしなかったからです。

同じような例ですが、昨今では、公民権運動の系譜をひく黒人のアクティビストに対し、「いや、お前たちは俺たちの考えを代弁していない」、そう別の黒人たちから非難の声が上がることもあります。

社会の不平等に対し、最初に声を上げて戦うことは勇気のいることなので、そうした人々が当初の運動の中心になったことは自然でしょうが、時間の経過と共に、その運動が成熟し、社会的な受容度が高まっていくと、かつての「中心」はその運動の既得権益と見なされるようになることがしばしばあります。

私が渡米した1990年代初頭は、世界的に男女同権や人種差別撤廃に向けた動きが一気に花開いた時期でした。LGBTという言葉がちょうど使われ始めた頃で、同性婚も議論のテーブルに上りだしました。新自由主義は、個人の能力と個性を尊重するという観点から、様々なマイノリティが自己実現に向かうことを応援しましたが、従来型のムーブメントとは一線を画していました。そこに中央政府的な価値判断の裁定者、つまり新しい女性はこうあるべき、黒人の権利はこうあるべき、そうした判断を独占する人たちの存在を嗅ぎ取ったからです。

ファシスト型やスターリン型の「大きな政府」とは異なり、FDR型の「大きな政府」は、それ以前のレッセ・フェール版の「小さな政府」の経済面、社会的価値観での課題を修正し、アップデートすることを目指したものでした。新自由主義もまた、経済面、社会的価値観の両面において、「大きな政府」の課題を引き取り、それを改善していくことを目指したのです。

女性運動にせよ、公民権運動にせよ、真の意義はどのパスを選ぶかではなく、最終目的地であるマイノリティの待遇改善と平等な扱いそれ自体です。「大きな政府」の価値観を守ってきた左派リベラル層にしても、その多くは時間の経過と共に、新自由主義の目指す個人の尊重に価値を見出すようになりました。

かつてはレーガンやサッチャー、そして新自由主義全般を野蛮で知性に欠けるとして見下していた「大きな政府」型のリベラル層の多くは、クリントン大統領と同じように、新しい価値観の全てではないにせよ、その一部を受け入れていったのです。

変化に適応するには「時間」が必要

時間の経過と共に、「大きな政府」の統治観が様々な問題や矛盾を抱えたように、新自由主義的世界観も万能ではありません。そのことを東海岸や西海岸のグローバリストやデジタリストはわかっていませんでした。いや、わかろうとしていなかったと思います。皮肉なことに、「大きな政府」の世界観に感化されたリベラル左派が１９９０年代の新自由主義を小ばかにしたように、新しくエリート階層となった新自由主義者も同じことをしているのです。

彼らが理解していなかったこと——それは、新自由主義の波に乗れずに「取り残された人々」が非常に多かったという事実です。

草の根のトランプ支持者の多くは「新自由主義から取り残された人々」と言えるでしょう。よく東海岸や西海岸の「エリート」たちは、トランプの演説集会への参加者や「MAGA（Make America Great Again＝アメリカを再び偉大な国にする）」のロゴをつけたTシャツを着ている人を人種差別主義者や性差別主義者のように扱います。

グローバリストやデジタリストの志向する世界観、つまり属性を超える「グローバル市民」の視点で言えば、差別主義者なのでしょうが、トランプ支持者はそこに新自由主義者の傲慢を観ます。何であんたが価値観の裁定者になっているんだ、と。それは30年前、人権問題のムーブメントの中心にいた「既得権益者」に対し、新自由主義者が感じた傲慢と類似したものです。

たとえば、全体としてみれば少数派であっても、トランプを支持する女性もたくさんいます。１９７０年代型フェミニズムの「王道の系譜」を引く議論を拒絶する女性もいれば、新自由主義的な性別の超越を望まない女性もいます。キリスト教徒として、伝統的な母として生きることに幸福と生きがいを感じる女性もいるでしょう。結局、女性の生き方は一つではありません。色々な考え方があっていいし、色々な人生があっていいわけです。

しかし足元のアメリカの問題は、異なる意見の対立が決定的となり、会話が全く成り立っていない点です。レーガンが「小さな政府」を提唱し出した時も、それ以前の価値観の裁定者であった「大きな政府」の左派リベラル層はレーガノミクスに対し、痛烈な批判を繰り広げました。ただ、両者は相手の存在や人格そのものを完全に否定することはありませんでした。実際、レーガンはルーズベルトの指導力を評価していると公言しています。

ところが今のアメリカは同じ色を指さし、一人が青だと言い張り、もう一人は赤だと言い張る状況です。つまり会話の前提の認識さえ異なっているのです。

なぜこんな事態になってしまったのか。ひとつ考えられるのは、新自由主義が世界を席巻したスピードが速すぎたということです。１９９０年代半ばまで、ドイツとフランスを行き来するにはパスポートが必要だったことを思いだせば、グローバリズムの波は驚異的なスピードで進行しました。デジタル面にしても、冷戦後わずか30年で世界の発展途上国の隅々にまでスマートフォンが普及し、誰もがネットにアクセスできる環境です。

人類史上、これほど短期間に経済構造と社会的価値観が劇的に変化した時代はありません。当然、ついていけない人、ついていきたくない人もいますから、「ひずみ」が生まれることになります。

やや話が脱線しますが、急激な変化から国を守るための手段として「鎖国」があります。日本は歴史上、何度か鎖国をしていますが、結果的に一つの「英知」だったのではないでしょうか。奈良時代、平安時代に遣隋使や遣唐使を通じて、大陸の法制度や仏教文化などを取り込みますが、その後、いったん国を閉じます。これは、人間にも社会にも「消化吸収期間」が必要だということのあらわれだと見ることができます。実際、その間に伝来してきたものとそれ以前の文化が混じり合って、仮名文字など日本固有の文化が育ちました。

戦国時代には種子島に漂着したポルトガル人から、鉄砲、戦法、城作りを含め、革新的な変化が当時の日本にもたらされました。その後、日本は瞬く間に世界最大の鉄砲生産国となります。戦争が続いていますから科学技術も発展しました。しかし、天下を治めた徳川幕府は鎖国政策をとります。その後の二百数十年の江戸時代は、消化期間と評価することが可能です。

「取り残された者」たちの逆襲が始まった

トランプ大統領の誕生だけでなく、イギリスのブレグジットも根底には新自由主義への反乱や揺り戻しがあります。フランスやオーストリア、ドイツの選挙で極右政党が台頭しているのも根っこは同じです。

ブレグジットも欧州の極右勢力も、新自由主義的な発想によって正当化されてきたEUという人工的な構築物に対するナショナリズムの反乱だとみなすことができます。つまり、土着の文化や言語、民族や宗教といったオーガニックな価値観による逆襲が始まっているのです。

2016年、トランプは反エスタブリッシュメント（既得権層）や自国第一主義的な政策（たとえば、不法移民排除やメキシコとの国境での壁建設など）を掲げて大統領選に勝利しました。「アメリカ・ファースト」、「アメリカを再び偉大な国にする」を合言葉に、TPP（環太平洋パートナーシップ）協定からの離脱を訴え、中国を「最も強大な為替操作国」と批判しながら、孤立主義・保護主義の必要を国民にアピールしました。そして、ポピュリズムの手法で獲得した圧倒的支持を武器に共和党に対して「敵対買収」を仕掛け、「トランプ党」へと変えていったのです。

トランプを選挙で勝利させ、その功績を買われて当初ホワイトハウスの首席戦略官を務めたスティーブ・バノンは自身をナショナリストでありキャピタリスト（資本主義者）であると自称しています。彼が運営していたサイト「ブライトバート・ニュース」を見ると、

EU、WTO、国連、共産主義を含む超国家的なシステムや思想に対する嫌悪感に溢れています。国を超えたグローバルな制度や思想への敵愾心は、トランプ支持者に共通する特徴といえます。

彼らからすれば、新自由主義というシステムによって利益を得ている人たちも潰すべき「敵」になります。それが反エスタブリッシュメント運動になり、トランプは選挙で「Drain the swamp.（湿地帯の水を抜け）」というキャッチコピーを多用しました。アメリカの首都、ワシントンは元々、湿地帯に作られたので、その利権を干上がらせろ、エリートたちを追い出せ、ということです。

また彼らが「中国」を憎むのは、中国が最も新自由主義の恩恵を受けた国だからです。

さらに言えば、反ユダヤ主義もその特徴の一つです。グリーンスパンを筆頭とする〝三銃士〟は全員ユダヤ系ですし、グリーンスパンの後任のバーナンキ、イエレンもユダヤ系です。ユダヤ人は長く国を持たず、厳しい差別に晒されてきたので、キリスト教をベースにした土着のオーガニックな価値観に対し、国際主義を目指す傾向があります。

ソ連共産党の創設期、政治局メンバーにはトロツキー、カーメネフ、ジノヴィエフ、ソコリニコフとユダヤ系が多いのですが、これは偶然ではないでしょう。彼らはオーガニックな歴史を否定し、机上の哲学体系に過ぎない共産主義を超国家的な統治観にしようとしました。

アメリカの場合、新自由主義者の間にバイブルがあるとすれば、それはグリーンスパンの敬愛したアイン・ランドの小説『肩をすくめるアトラス』かもしれません。彼女もユダヤ系ですが、共産主義やファシズムのような中央集権国家（究極の「大きな政府」）を強く否定するだけでなく、個人の権利を最大化するために、国家干渉を最小限にすることを謳っています。その他にも宗教といった個人に干渉するものも否定し、創造的で独自の個性や能力を持った人々がそれを自由に追求することのできる社会を描きました。

彼女の世界観が新自由主義者の心に響いたのは、私の言葉で言う「属性」を超えた個人の創造性を謳っているからだと思います。しかしそれはアメリカという国家を愛する人々、その礎《いしずえ》となったキリスト教を信じる人々の世界観と不可避的に対立します。スティーブ・バノンはそうした社会の争点を見事に突き、トランプ支持者を煽ることに成功しました。

トランプの後を継いだ民主党のジョー・バイデン大統領も、新自由主義の修正を明言し、「レーガノミクス」への巻き戻しを訴えました。それが社会の大勢だと気づいたのでしょうが、同時にバイデンは基本的にクリントンやオバマ同様、新自由主義的価値観の踏襲者です。コロナ対策やインフラ整備を目的とした大規模な財政出動に踏み切り、ポピュリスト的な巨額の現金給付を実施しましたが、既存システムの「破壊者」ではありませんし、「変革者」とも見なされませんでした。そしてバイデンがトランプをアメリカ民主主義への脅威と形容すればするほど、バイデンは現状維持勢力に見えてしまったのです。

バイデンの副大統領であったカマラ・ハリスは、大統領選挙キャンペーンも第4コーナーを回った段階で大統領候補になりました。彼女は自らを「変革者」と位置付けようとしましたが、いかんせん、時間が足りなかったこと、そしてより本質的にはバイデンの副大統領である以上、自分のボスを否定できなかったことで、バイデンの政策の踏襲者のイメージが抜けきりませんでした。

前述したように、トランプとその支持者には既存システムをどのように「変革」すべきなのかについて、必ずしも明確なビジョンがある訳ではありません。しかし「取り残された者」たちは、まずはシステムを壊してくれ、そう要求しています。

事前にはかなりの接戦が予想されていたにもかかわらず、蓋を開けてみれば、トランプの完勝でした。これは、より多くのアメリカ人が既存システムの変革を求めており、「破壊者」か「現状維持勢力」かという「負の二者択一」に際し、前者を選んだことを意味します。

分断の原因は「価値観」と「経済」

一般的に、戦争の原因は大きく二つあります。一つは富の搾取、もう一つは宗教戦争のような価値観を巡る争いです。この二つは国家をして殺戮に駆り立てるものです。つまりこの二つで社会が分断すると、その対処は非常に難しくなります。

新自由主義の世界において、巨額の利益を稼ぎ出しているのは、西海岸ＩＴ関係者や、東海岸のグローバリストです。しかし、こうした分野はわずかな人数で会社が回りますから、あまり雇用を生みません。つまり、そこで生み出された富は多くの人と共有されることはないのです。

政府介入を小さくし、税制を使った富の再分配が市場機能を阻害するものと考えて否定するのであれば、富の格差は自然と拡大します。新自由主義者はそれを当然の結果だと位置づけてきました。今は女工哀史の時代ではありませんが、労働対価の分配方法として、何がフェアなのか、それは非常に難しい問いです。

２０１３年にフランスの経済学者、トマ・ピケティが著した『21世紀の資本』が刊行され話題になりましたが、こういった本が世界的ベストセラーになるということ自体、新自由主義への信認が揺らぎ始めていたことのあかしと言えます。「世の中の経済の仕組みは、どこかおかしいぞ」と思っている人が多いことを示しているからです。

グローバルな仕事やデジタル関連の仕事とは無関係で、先祖代々のキリスト教的世界観を信じている人々にすれば、価値観と経済的利益の両方で不当に追い込まれていると感じるのは自然でしょう。

世界中、オーガニックに発生した社会を見れば、そこには長い時間をかけて築かれてきた土着的、伝統的な価値観、文化、風習、言語、個人の社会的役割等に関する縛りがあります。それに対し、新自由主義は性別、年齢、国籍、宗教、文化、人種、といった属性を超越するグローバル市民を評価しましたが、その価値観はあまりにも新しく、人工的な匂いがします。

社会の価値観や行動規範は、人々が新しく、異質なものと出会うことで、大きく変質しますし、その変化が人類の歴史そのものです。しかし誰にとっても、変化は苦しいものですし、そこにはおのずと許容範囲があります。先ほど、日本の鎖国は「英知」だと述べた箇所で指摘したかったポイントです。

新自由主義に取り残されたラストベルトはもともと保守的な土地柄であり、そこで暮らす人々は東海岸と西海岸のエリートたちの価値観の押し付けに直面していると感じていますが、それはそうでしょう。自分たちの祖先は、ＬＧＢＴの権利を守るために命がけでアメリカへ渡ってきたんじゃない、敬虔なキリスト教徒としてその教えを忠実に実践するためにここへ来たんだ、そう信じていますから。

にもかかわらず、東西海岸のエリートたちからは、同性婚を認めろ、中絶を認めろなどと叱責され、受け入れないと、「お前たちは野蛮人だ」といった扱いをされているのです。

価値観と経済的利益の二つがアメリカに分断をもたらしているのですが、アメリカでは一度、この二つを巡って喧々諤々の喧嘩をしたことがあります。それは実際に南北戦争（１８６１〜１８６５年）という形で血を流し合うものとなりました。

当時、産業革命が花開いたアメリカの北部で工業化が進んでいたのとは対照的に、南部は依然として農業（主に綿花プランテーション）が中心という産業構造の違いが存在していました。この産業構造の変化は黒人の存在をどう位置付けるのか、その価値観の対立としても拡大したのです。そして、黒人奴隷制の廃止を訴える北部と、奴隷がいなければ経済が回らない南部の対立が重なり、両者は戦争に突入します。

先に、トランプ支持者が求めているのは、「既存のシステムを壊してくれ」ということだと指摘しました。戦争はその究極形です。結果的に北軍が勝利することでアメリカは分裂を免れましたが、60万人超という両世界大戦の合計を超える戦死者を出すなど、深い傷跡をアメリカ社会に残しました。スケールこそ違いますが、そのときと同じような地殻変動を、今、アメリカは足元で経験しているわけです。

システムへの信認が崩壊した

新自由主義は、経済合理性という意味において非常に優秀なシステムでしたが、副作用も大きなものでした。ゆえに新自由主義からの脱却にともなう代償は大きく、国家を分断する危機に陥っています。

以前トランプは、「ニューヨークの五番街で俺が誰かを銃で撃っても、自分が票を失うことはない」と豪語したことがあります。これはつまり、トランプ支持者は既存のシステム（彼らの言う「ディープ・ステイト」が作り上げたシステム）を信じていないということを表しています。

実際、トランプが起訴される度に、彼の支持率はむしろ上昇するという構造になっていました。これは司法システムがトランプ支持者の信認を失ったことを意味します。

司法も、一つのコンフィデンス・ゲームです。検察は冤罪事件を生み出すことがありますし、裁判所が100％正しい判断を下すということはあり得ません。しかし司法が司法として機能するには、多くの市民に一定の信認を置かれる必要があります。そうでないと、司法システムそのものが成立しません。

日本の政府関係者、メディア、ビジネスリーダーたちと話していると、彼らの多くはアメリカのエリートたちと同じ反トランプ・バイアスを持っており、トランプを民主主義への脅威だと考えて疑わない傾向があります。確かに2021年1月6日のアメリカ議会襲撃事件においてトランプが果たした役割を見れば、トランプが民主主義にとっての脅威だとの議論には強い説得力があります。

それはそれとして、私は日本のエリートたちも「エスタブリッシュメントの罠」に陥っている可能性があると思います。酔った席での座興として、アメリカのロースクールでは、「マザーテレサを起訴するのに、どの法律を使うのが一番効果的か」を論じるゲームがあります。これはどんな聖人であっても、検察が起訴したければ、起訴できるということを示しています。強権国家ではおなじみの手段ですが、民主主義国家でも「司法の政治兵器化」は可能です。実際、韓国では政権交代の度に司法が政治的に使われています。

バイデン政権下で司法省は2023年、トランプを機密文書の取り扱い問題で起訴しました。2016年の大統領選をトランプと競ったヒラリー・クリントンも機密情報の取り扱いで問題を起こしていますが、トランプ政権では起訴しませんでした。その理由として、「司法の政治兵器化」を避けるための判断であったとしています。実際にはバイデン大統領も機密文書の取り扱いで問題を起こしていますが、司法省は大統領を起訴していません。

それぞれ独自の状況や背景があり、どこからが起訴対象なのか、議論は永遠に続けることができるでしょう。しかし法律解釈の線引きが恣意的にできる程度の案件でトランプを起訴しつつ、クリントンやバイデンが起訴されないのであれば、トランプ支持者は司法制度が政治兵器として使われたと考えます。つまり「ディープ・ステイト」こそが民主主義への脅威である、と。

トランプを民主主義への脅威だととらえてきた、エスタブリッシュメント側も、より多くの有権者がトランプを大統領として選んだことの意味を考え、自問自答する必要があると思います。世の中が上手くいっている時は、そのシステムを回しているエスタブリッシュメントに対する信認があります。しかし信認は天与の権利ではありません。システムが上手く回らなくなると、何が社会として正しいのか、その「裁定者」の役割を既存システムの受益者が担い続けることは難しくなります。

日本で言うと、一つの例が大蔵省解体です。1990年代も後半になると、金融危機を含めて日本の戦後ビジネスモデルが破綻した影響が表面化するようになりました。そんな時、接待汚職疑惑が発覚し、「官庁の中の官庁」といわれた大蔵省の解体に繋がっていきます。システムへの信認が瓦解していく中で、その中心にいた大蔵省は国民の反感の対象となりました。そこには感情的な「大蔵いじめ」があったと思いますが、信認の重要性、そして信認がいかにもろいものかを如実に表していると思います。

エスタブリッシュメント側の当事者にすると、自らの信認がなくなったことに気づくのは難しいのでしょう。それまで正しいと思ってやっていたことが、オセロゲームのようにひっくり返っていくのですから。

「大蔵叩き」の嵐が吹き荒れる中、その舵取りを任された武藤敏郎大蔵・財務次官とは「失われた30年」とは何であったのか、大蔵省はなぜ、あれだけのバッシングを受けたのか、そのことを議論し続けてきました。やがて大次官と呼ばれることになった武藤でさえ、その当時に何が起きているのか、冷静に判断はできなかったと認めていました。

救いはアメリカのもつ「柔軟性」

どのようなシステムも時間の経過と共に制度疲労を起こし、最終的に機能障害に陥ります。新しいシステムにスムーズに移行できるかどうかはケース・バイ・ケースですが、耐久性のあるシステムとは、柔軟なシステムです。

その視点で言うと、トランプ現象というのも、一種の「アーリー・ウォーニング・サイン（早期警戒警報）」と解釈できるかもしれません。「アメリカのシステムがおかしくなっているぞ」と警鐘を鳴らしているわけです。

過去30年間、新自由主義でやってきて、この短い間に、富の格差が異常なレベルにまで広がる、移民が急速に増える、人口構成比率における白人のシェアが低下する、ＬＧＢＴの権利保護が法制化される、アメリカ社会の屋台骨だったキリスト教文化が廃れていく……。それだけの激変がたかだか、一世代の時間軸で発生するとなると、アメリカとは何なのか、何がアメリカ人なのか、そうしたソウル・サーチング（自己の再確認作業）が必要になっていくのでしょう。

次章で詳しく述べますが、渡米を選択した私の若い頃を思い出すと、ソウル・サーチングは早ければ早いほうがいいと思います。なぜなら修正が利きやすいから。これが還暦を過ぎてから始めるとなると大変です。

そういう意味では、トランプのような人物が出てきてアメリカ社会が激しく揺れている状況は、外から見るとディスファンクション（機能不全）に映るかもしれませんが、逆説的に言えば、アメリカのダイナミズムそのものと捉えることも可能です。これほどの「遊び」を許していても、国家の根本が壊れずに動き続けているところがアメリカ社会の凄さと言えます。

現存する最古の成文憲法はアメリカ合衆国憲法ですが、この比較的若い人造国家の成文憲法が200年以上続いているということは、逆にいえば、非常に柔軟な体系として作られているということです。耐震構造にたとえれば、揺れを吸収する遊びがついていて、建物が揺れることでエネルギーを逃がす構造になっているのと似ています。逆に、ガチガチなものを作ってしまうと、ショックに耐えられなくなった瞬間、ポキッと折れてしまうことがあります。

まさにかつての大日本帝国がそうでしたし、今の習近平による強権体制の中国も非常に危ういところがあります。独裁や強権によって求心力を保っている国家は、トップの判断で政策が決まり、実行に移されますから、一見、ぐずぐずと何も決まらない民主主義体制より機能的に見えます。しかし、為政者を検証・批判する機能がないため、ひとたび間違った方向に走ってしまったら大惨事を引き起こすリスクも高いわけです。習近平一人の間違いが、国家全体の間違いになってしまう可能性があります。

アメリカは確かに深刻な危機に直面していますが、その制度に備わっているこうした柔軟性と復元力こそが、この難局から新しい統治観を打ち出していくカギになると思います。

次に来る世界観は何か？

歴史の振り子として眺めると、弱肉強食型の「レッセ・フェール（ここでは極端に政府介入の少ない社会経済体制）」からFDR型の「大きな政府（政府の裁量機能を是とした社会経済体制）」へ大きく振れ、そこから再び「より小さな政府」に移行した後、今再び、一定の政府介入を認めることを前提とするシステムへとすでに大きく動き出しています。

カジノのオーナーであるアメリカが次に作る統治秩序にしても、これまで同様、それ以前のシステムの強みを継承しながら、欠陥を克服することを志向すると思われます。スターリンや毛沢東のように、過去の歴史を悪と断定し、非連続的な跳躍を志向すると、それは別の、そしてより大きなひずみや歪みを生み出すからです。

「資本主義の本質的な欠点は恵みの不平等な分配である。社会主義の本質的な美徳は悲惨の平等な分配である」――英首相を二度務めたウィンストン・チャーチル卿の言葉です。社会主義には経済効率性が欠如しており、皆が悲惨な思いをする、一方の資本主義は経済生産性こそ高いものの、その果実の分配に欠陥があることを指摘しました。

所得や資産の偏在をどのように修正するのか？　これは経済制度の話です。

それと同時に、伝統的な価値観と新しい生き方の折り合いをどのようにつけ、双方が妥協しても良いというバランスをどのように構築するのか？　こちらは価値観の話です。

一番重要なポイントは、全ての市民ではないにせよ、一定数以上の市民がこれなら他者と共存できる、そう感じる均衡点を見つけ、それを正当化する世界観を打ち立てることです。一定数以上の市民がその新しい世界観に信認を与えないと、システムは上手く機能しません。方向性としては、どのようにして政治による裁量介入と経済合理性のバランスをとるのか、そこが肝になるのは確かでしょう。同時に社会的価値観の激変を消化する時間を市民に与える必要があります。

大きな流れで言えば、それは西側民主主義国だけでなく、中国でも同じことです。習近平主席は強権的な姿勢を強め、これまで中国経済の原動力であった民間経済への介入を強めると同時に、思想面、国家統制面も含めたすべての分野で「大きな政府」に振り子を大きく戻しています。この傾向が強まれば強まるほど、中国経済は劣化していくでしょうから、バランスをどうするのか、それは大きなチャレンジになると思います。

正直に言うと、歴史は勇気づけられる方向性を指していません。前述したように、アメリカが過去、価値観とお金でもめた時、それを解決したのは南北戦争でした。レッセ・フェールが信認を失った後、代替世界観として、ヒトラーやスターリンが打ち出したものは人類の悲劇となりました。

しかし世の中が大きく動くとき、勝者と敗者の入れ替えが発生します。私は次にくる世界観が日本に有利なものになると信じています。ただ読者の皆さんにすれば、「あなたが何を信じても構わないけれど、だから何?」と思われるでしょう。

そこでその内容に入る前に、まずは私自身のことを話させてください。私はこの3年ほど、日本が勝ち組になるという話を、世界のマネーが集まるヘッジファンドや国際的な資産運用会社に説いてきました。また日本の政策を担う当局幹部にも同じ話をしてきました。忙しい彼らが耳を貸すからには、そこに何か聞く価値があると思っているはずです。

第2章

私はいかにして新自由主義の申し子になったのか

バブル時代の都銀に入行

本章では、私のライフストーリーをご紹介しながら、巨額の資金を動かすヘッジファンド業界の模様をお伝えしたいと思います。それを語ることが、「新自由主義」の本質、そして来るべき地殻変動を感じていただく（頭で考えるのではなく）近道だと思うからです。

世界の時価総額ランキングのトップ10に日本の金融機関が何社も名を連ねていた昭和の末期、私はある大手都市銀行に入りました。それは私が望んでいた就職先でした。また、会社も私の将来を色々と気遣ってくれたと思います。新人でも実績を出しやすいところを選んでくれたのでしょう。配属された支店は千代田区の神田神保町でした。

時はバブル。地価が急騰して1坪1億円みたいなことになり、角のタバコ屋の小さな土地が急に10億円の価値になるような町でした。資産価値が急騰した土地を担保に高層ビルに建て替え、賃貸収益で稼いでローン返済も楽々、そんな濡れ手で粟なスキームをみんなで考えていました。

しかし、私は銀行のビジネスモデルに疑問を抱くようになります。

金余りの時代なので、最初にこれだけ貸し出そうという目標金額がありました。それに見合った担保調書を作り、融資返済額から逆算した収益を見込んだ上で、稟議書を作ることが常態化していたのです。しかし、これでは歯車のどこかが一つ狂ったら、全てが逆流してしまいます。不動産価値は右肩上がりという前提がなくなった瞬間、ビジネスモデルとして成り立たないのでは、という疑問です。

上司や先輩にそう疑問をぶつけても、「日本の不動産価値が落ちるわけがないよ」という回答でした。「ジャパン・アズ・ナンバーワン」、そんな感覚が日本中に蔓延していた時代です。

その空気感を示すエピソードをご紹介します。私の新人時代、三つか四つくらい上の先輩が私と同期を誘って、六本木の飲み屋に連れていってくれました。先輩が「ビンゴゲームをやろう」と言い出したのですが、ビンゴゲームのカードは１万円。３人分で、３万円分使ったのですが、当たったのは巨人軍の帽子だけ。当時の銀行の初任給は10万円台でしたから、先輩の給料も20万円ぐらいだったはずです。

このエピソードの肝は、「明日は今日よりも必ずよくなる」との思いへの強い信認です。『ジャパン・アズ・ナンバーワン』の著者であるエズラ・ヴォーゲルが賞賛したように、日本のシステムは優れているので、今は社員寮暮らしで給料が少なくても、大手銀行にいれば、若い頃のビンゴゲームで３万円使ったなんて武勇伝になる、その見通しを疑うことがなかったのです。先に、システムはコンフィデンス・ゲームである、と述べましたが、この話はシステムが上手くいっているときの雰囲気を如実に表していると思います。

「これはまずい」

しかし私が目の当たりにした銀行業務はとても優れたシステムには思えませんでした。前述したように、資金需要の妥当性、返済能力といった融資の本質を顧みない貸出競争は本末転倒です。またクレジットカードが広く流通するようになった時代だったので、クレジットカードの獲得競争もありました。

その根底にあったのは、給与口座、公共料金引き落とし口座、住宅ローン口座などを、クレジットカードの決済口座と連動させることで、顧客を囲い込むことができる、という発想です。

この発想自体は理解できますが、現場では何が起きるか？　ノルマを果たすために、他の銀行の知り合いたちと協力し合い、お互いに他行のクレジットカードを作り合うのです。誰も使わないカードを作り合っているだけなので、仏作って魂入れず、の世界です。クレジットカードの契約数が拡大したとして、コスト対比で銀行にどれだけのメリットがあったのか？　上司にその話をしても、相手にされませんでした。

「これはまずい」、私は銀行のビジネスモデルへの不安を募らせていきました。そしてバブルが崩壊します。画餅の収益見通しで組んだ融資の場合、借り手は当然、返済に困るようになりますし、地価が下落し出すと、担保価値も怪しくなり、銀行は手のひら返しで融資の返済を迫るようになりました。

昨日までは借りてくれ、今日からは返してくれ、それがバカバカしくなり、私は銀行を辞めて単身アメリカに留学することにしました。その時、上司からこう諭されました。

「アメリカの大学院だったら銀行で留学させてあげるから、辞めることはないよ」

私が銀行のビジネスモデルに疑問を持っていると告げると、

「それだけ強い思いがあるなら、偉くなって銀行を変えてくれよ。君みたいに真面目に考えている人材を手放すわけにはいかない。俺も応援するからさ」

その瞬間、私の決意は揺ぎないものになりました。「組織を中から変えろ」とは日本の会社でよく言われますが、私には意味がわかりませんでした。ドラマのように若手が組織を変えられることなどありません。組織内で力を得るために30年くらいかかるでしょうが、組織は今、目の前で腐って死にかけているのです。少なくとも私には、ビジネスモデルに欠陥を抱えた銀行に30年も人生を捧げる価値を見出せませんでした。

バブル期の銀行のビジネスモデルが間違っていたことは多くの人が認めるでしょうが、私は銀行が「悪い」と言っているのではありません。私にとっては、個人の価値観の問題でした。１９９０年代後半になると金融危機が発生し、私の所属していた銀行も大変なことになります。その中で必死に戦った人生も一つの生き方ですし、自分にはできない凄いことだなと思います。ただ私はそれをしたくなかっただけです。

このポイントは新自由主義を理解する上で非常に重要です。新自由主義というと、冷たく自己責任として突き放すイメージを持つ方も多いかもしれません。特に私が生きてきた国際金融市場の世界はまさにその通りです。

しかし新自由主義が浸透した社会では、どの道を選択するにせよ、選択そのものの自由度が非常に高いのです。これは日本における自己責任論とは大きく異なる点です。日本の自己責任論の場合、社会による個人への同調圧力が高いことが特徴です。そして何かが上手くいかないと、「だから言ったでしょう、自己責任ですよ」、そう冷たく突き放します。

アメリカにおける個人の選択のイメージをザックリいうと、「あなたの好きなように生きてみなよ、どの道、社会が責任を取ってくれるもんじゃないし」となります。どの社会にも伝統的、宗教的な価値観に基づく同調圧力はあります。新自由主義は、そうした個人への「介入」を含めて自由選択を尊重する世界観です。

私が大手都銀を辞めて単身留学するという選択をした時、それはかなり難しく、リスクの高いものでした。渡米を相談した私の友人がそのことを母親に話した時、こう言われたそうです。「あんた騙されているのよ。齋藤君が銀行辞めるわけないじゃない」、と。

実際、今思えば、明確な勝算はありませんでした。むしろ沈没する船からネズミが逃げ出すような直感に近いものだったと思います。しかし、この本能的な勘が大切なのです。のちにヘッジファンド業界で成功する人・失敗する人を山ほど見てきましたが、リスクを見極める直感と嗅覚を研ぎ澄ますことが、生き馬の目を抜く国際金融業界でサバイバルするうえでは重要です。

単身ワシントンへ

ただ本能的な勘とは完全にランダムなものではありません。その人の生まれもった性格、それまでの経験、置かれた環境など様々なものが複雑に絡み合って閃くものだと思います。

私の場合、銀行のビジネスモデルの抱える問題を強く認識していただけでなく、自分らしい生き方を見つけたいとの思いも募っていました。子供の頃から、私は性的マイノリティだとの自覚がありましたが、当時の日本では居場所がありませんでした。

私は学生時代にアメリカ西海岸の大学に留学したことがありますが、その時、初めてカミングアウトをすると、ポジティブに受け入れてもらえたのです。そんなこともあり、私は銀行を辞め、自費で単身、アメリカの首都、ワシントンに向かいました。

「The market knows best.（市場が一番よく知っている）」

「Let the market decide.（市場に任せろ）」

そうしたフレーズが聞かれるようになった頃です。

ヘッジファンドの存在感も市場で急速に増しており、ジョージ・ソロス率いるクォンタム・ファンドが英ポンド売りの投機を仕掛け、イングランド銀行を打ち負かしたのが1992年でした。政府機関が恣意的に通貨価値を決めるのではなく、市場がマクロ経済と整合的な水準を設定する、新しい時代の到来を象徴する出来事でした。

金融業界風に言うと、私が日本をショート（売り）したのは1993年です。日本ではバブルが崩壊した後ですが、誰もその後、「失われた30年」になるとは思っていませんでした。いま振り返ると、最高のタイミングでした。

ヘッジファンド向けのコンサルタント業界へ飛び込む

そもそも私がこの業界に入ったきっかけと言えば、運やタイミングが大きかったように思います。渡米後、ジョンズ・ホプキンス大学高等国際問題研究大学院（ＳＡＩＳ）に入学しました。大学院にも日本人はいましたが、そのほとんどは中央官庁か企業から派遣されてきた人間ですから、彼らは卒業すれば、いずれ日本に帰ります。それだけに、私のように銀行勤務の経験があって、どこにも所属していない日本人は当時のワシントンでは貴重だったようです。

今では想像できないことですが、当時は「日本人だったら誰でも雇う」というような環境でした。バブルが崩壊したとはいえ、日本は圧倒的な世界第2位の経済大国であり、投資家にとっては非常に重要な存在でした。それにもかかわらず、日本に関する情報があまりないのでミステリアスな存在でもありました。極端な話、日本経済新聞の記事を英訳して発信するだけで商売になるくらい、日本に関する情報がなかったのです。

現在のグローバル化した社会とはまるで別世界でしたが、ほんの30年前の話です。顧客のヘッジファンドは、金さえ儲けさせてくれれば何でもいい、という価値観で動いていますから、国籍も肌の色も英語のアクセントも重要ではありません。新自由主義の求める個人のあり方、つまり属性で判断するのではなく、その人の能力と個性で判断する、そうした価値観を代弁している業態だったので、リフレッシングな解放感を感じたことを覚えています。

私は大学院を卒業した1995年、金融コンサルティング企業「G7グループ」で働き始めました。一般の方が耳にする企業名ではありませんが、勃興期のマクロ・ヘッジファンド業界では名が知れていました。社長はジェーン・ハートレーという女性で、後に私はジェーンとともに現在の私たちの会社「オブザーバトリー・グループ」を立ち上げ、共同経営者になります。

ジェーンにこの仕事を勧めたのは、当時ゴールドマン・サックスの共同会長を務めていたロバート・ルービンでした。ルービンはクリントンのためにニューヨークで選挙資金の調達に奔走し、クリントン政権で財務長官になります。ルービンは、アメリカが新自由主義的な世界秩序を導入しつつある中、政策・政治と金融市場のネクサス（接点）はビジネスになる、そう考えたそうです。

ニューヨークの金融業界のトップクラスのエリートサークルは非常に狭き門で、私などは永遠に完全な部外者でしょうが、ジェーンはそのサークルに属しています。彼女は2008年の大統領選挙の際、イリノイ州の上院議員であったバラク・オバマのためにニューヨークで巨額の選挙資金を調達し、その論功行賞で駐仏大使になり、バイデン政権下では駐英大使を務めています。

G7グループはそうしたネットワークの中で始まった会社で、ビジネス立ち上げ時のシードマネーを提供したクライアントの一つが、この本の最初に書いた、タイガー・ファンドのジュリアン・ロバートソンでした。新聞やテレビでもしばしばインタビューされているアラン・ブラインダー元FRB副議長はG7グループの副会長でしたし、大蔵省（現財務省）で国際畑のトップを務めた中平幸典《こうすけ》元財務官も相談役でした。ブラインダーや中平元財務官とは毎週のように電話会議を行い、世界経済や政策動向を議論したものです。

世界の銀行ランキング・トップ10の7つほどを邦銀が占めていた時代の話ですし、当時のG7の売り上げの35%くらいが日本の銀行であったこともあり、とにかく日本人を探している、そんなタイミングに巡り合わせたのですから、今思うと、ラッキーとしか言いようがありません。ちなみに、ヘッジファンド業界ではよく、「頭のいい奴なんて腐るほどいるから、運のある奴をくれ」、そう言われています……。

単に日本の銀行にいたことがあるだけの30歳前の日本人。それがジュリアン・ロバートソンに円売りを勧めたのですから、そら恐ろしい話です。しかしそんな時代だったのです。言ってみれば〝大西部開拓時代〟のようなもので、玉石混淆、勃興期でなければあり得ないことです。マクロ・ヘッジファンドに焦点を絞ったニッチ企業であったので、「業界」として確立したスタンダードはなく、走りながら考えましょうというカオスの時代でした。

ちなみに当時はガチンコで競合する会社が2社ありました。マクロ・ヘッジファンドの勃興期であったので、目の付け所は同じでした。しかしマクロ・ファンド業界が成熟していく過程の中で、今でも続いているのはオブザーバトリー・グループだけです。

日本の金融危機を最初に予想

私が就職したのは、ワシントンが新自由主義的な世界観を世界標準システムとして確立していく、まさにその瞬間でした。政策と市場のネクサスに目を光らせているヘッジファンドという難しい顧客を相手にする仕事だったので、私は新自由主義が世界を支配して行くプロセスをリアルに観察する機会を得ました。

第3章で詳しく述べますが、それは冷戦終結によって「経済的脅威」でしかなくなった日本経済を、アメリカが潰していく経緯のウォッチでもありました。

表には出ない業界ですが、私が「ジャパン・ウォッチャー」として名を上げるキッカケは1997年の金融危機です。日本で金融危機が起こるということを誰よりも最初に公に──といってもヘッジファンドなどの顧客に限られますが──発信したのは、私でした。

G7に入社した1995年、住宅金融専門会社（住専）の不良債権問題が持ち上がり、たった7000億円の公的資金をめぐって国会が紛糾したことを私はよく覚えていました。その時、日本は戦後、一度も金融機関をデフォルト（債務不履行）させていないから、処理や救済をするためのシステムがないことに気づいたのです。住専の規模であれだけ揉めるなら、もし銀行や証券会社が経営破綻したらとんでもないことになるぞ、と考えました。

そして1997年、三洋証券が破綻します。私はその瞬間、「これは間違いなく金融危機になる」と直感しました。短い銀行員生活でしたが、銀行がバブル期に何をしてきたのかはこの目で見ていましたし、そのビジネスモデルが破綻することに強い懸念を抱いていたことは前述した通りです。実際、北海道拓殖銀行と山一証券の連鎖倒産が起きます。

アメリカでは学術的な議論をするとき、システム論から入る傾向があります。私はそれを大学院で学びましたが、そもそも私は幼少期からシステムについて疑問を持つタイプでした。性的マイノリティの自覚があったので、「なぜ、既存システムは自分を受け入れないのだろうか」、「もしかしたらシステムの方が間違っていることはないのか」、それを問い続けていたので、システムを疑問視する習慣がついているのだと思います。

私がヘッジファンドを相手に、日本に金融危機がくると言い出した時、それを聞いた「ミスター円」こと大蔵省の榊原英資《えいすけ》財務官（当時）は、「日本のシステムを知らずに馬鹿なことを言っている奴がいるようだが、日本で金融危機が起きるわけがない」、そう鼻で笑っていたそうです。

しかし同じ話は銀行員時代にも聞きました。日本の不動産価値が落ちるわけがない、と。システム論の観点で言うと、預金保護法や不良債権処理の手続きが整備されていない以上、一度、信用ショックや金融危機が起きたとき、日本にはそれを止める手段がありませんでした。不動産価格が下落するショックが発生すれば、銀行融資の仕組み全てが逆流するのと同じです。

1997年暮れになると、日本で預金取り付け騒動が起きました。円と日本株が安くなることを予想し、値段が高いうちに売るポジションを作ってきたヘッジファンドにとっては大当たりの展開となったのです。

「梶山の発言はボーガスだ」

　しかし日本政府も手をこまねいていたわけではありません。「梶山静六官房長官（当時）が不良債権処理に公的資金を使うと発言した」というニュースが流れてきました。公的資金投入のニュースが本当であれば、円と日本株を買い戻す必要があります。

　その報道が流れた瞬間、大手ヘッジファンド、ムーア・キャピタルから電話がかかってきました。電話の主は、オーナーのルイス・ベーコンの〝片腕〟として働いていた人物です。

「梶山の発言は本当なのか？」、「円と株を買い戻すべきなのか？」。

　電話口の声からは緊迫感が伝わります。私も興奮して、思わずこう叫びました。

「今の日本には公的資金を使って不良債権を処理する仕組みはない。梶山の言っていることはインチキ（bogus）だ」。そして、国会での成立も含め、法整備は簡単な話ではないし、それ相当の時間を要する、そう伝えました。

　私の話を聞くと、彼女は「もう一回、同じことを言ってくれ！」、そう叫んで、マイクをオンにし、全館放送に切り替えたのです。

「梶山の発言はボーガスだ」

エコーで反響している私の声が、受話器越しに聞こえてきます。静寂であったトレーディングルームがたちまち大騒ぎになる様子が手に取るようにわかりました。

ルイス・ベーコンのオフィスにもしばしば行きました。多くのヘッジファンドのオーナー同様、彼もメディアに出ることはありません。莫大な資金を運用しているにもかかわらず、ごく限られた人しか信用せず、直接やり取りするのもごく一握りの人間だけです。

私はなぜ、円安が続くと考えるのか、その理由を説明しました。ルイスは口数の多い人ではないですし、ポイントをズバリ聞くタイプです。

「つまり、お前の言っていることはこういうことなんだよな?」。そう私に確認したうえで、受話器を取り、彼の片腕としばしのやり取りをした後、円売りのトレードを実施したのです。途方もない金額ですから、私は衝撃を受けると同時に、強い恐怖に襲われました。ジュリアン・ロバートソンの時も冷や汗はかきましたが、入社数か月で、その意味をよくわかっていなかったことが幸いしました。ルイスの時までには少しは成長していましたし、目の前でトレードがなされたので、青ざめてしまいました。

その年のクリスマスに、ルイスからゴディバのチョコレートセットが届きました。そこには5万ドルのチェック（小切手）も入っていました。当時のアメリカ人の平均年収くらいのクリスマスギフトです。

日本にはないニッチな仕事

ここからは、ヘッジファンド業界の人々の生態や、私の仕事内容について、もう少し詳しくお話ししていきましょう。

皆さんが投資をしようという場合、最初にやることは何でしょう？　おそらく投資対象に関する情報を集めることだと思います。たとえば、株に投資しようとすれば、その企業の業績や業況、財務状況、業界の先行き見通し、顧客層の人口動態や新商品・サービスの開発力、環境問題への取り組みなど様々な情報を集めます。

その一方で、政治・政策に関する情報が大きなウェイトを占めるタイプの投資もあります。それをマクロ投資と呼びます。狭義のマクロ投資は新自由主義の台頭と共に最盛期を迎えます。金利と為替がそのメイン舞台です。短期金利は中央銀行が調整しますが、長期金利は市場参加者が経済・物価見通し、財政状況などを加味して決定します。為替のメカニズムは、温かい水と冷たい水を混ぜると温度が同じになる仕組みに似ています。理論的には、二つの国の間の金利差や購買力の差を中和して同等の水準にするのが為替の役割です。両者ともに政策効果を含んだ経済の大きな絵、ビッグ・ピクチャーの話なので、「マクロ」と呼ばれています。

この機能を最大化しようとしたのが前章で指摘したワシントン・コンセンサスであり、新自由主義です。政府裁量で価格が決められると、それが物価に反映し、結果として金利や購買力は裸の実態とは異なる歪んだ水準になります。そこで政府裁量が働く財政・税制政策、産業政策、通商政策、公営企業などは最小化しましょう、そうすることで、より適正な価格が発見され、それに基づく物価と金利は経済活動にとって最も適切な水準になるはずだ、そう考えるのです。

イングランド銀行とジョージ・ソロスの戦いは、中央銀行の裁量で決定した価格が実勢を反映しているのかどうか、それを巡る戦いであり、イングランド銀行の敗北は新自由主義の幕開けの象徴的な出来事でした。

マクロ・ヘッジファンドの立ち上げのピークはリーマンショックのあった2008年です。金融危機の勃発は「The market knows best.」が正しくないことを証明すると同時に、巨額の財政出動を要することになりました。FRBが金利をゼロにし、量的緩和に踏み切っても問題を解決できなかったことで、金融政策万能主義の威信は大きく傷つきました。また金融機関への公的資金注入に伴い、政府規制が復活します。

しかし突然の政府介入や巨額の財政出動は、企業・業態リサーチを中心とした個別企業などへのミクロの株式投資にも影響を与えます。ある企業・業態を調べ上げてショート（売り）をしていた場合、そこに政府の財政支援が入れば、その企業の株価は上昇してしまいます。そこでリーマンショック以降、マクロ・オーバーレイと呼ばれる形で、政府や政策のウォッチは需要を拡大していくことになりました。同じように、コロナウイルスが蔓延すれば、急に病理学の専門家の意見が資産価格を動かすようになりますし、今では戦争や内戦、気候変動や食糧危機、ＡＩの開発など様々なビッグ・ピクチャーの話が価格形成に影響します。私はそのどれにおいてもプロではありません。ヘッジファンドなどのグローバルな投資家であれば、そうした専門家に直接質問しているでしょう。

ではオブザーバトリー・グループの売りは何なのか？　政府による政策対応をモニターし、それが与えられた課題に対して十分なのか、不十分なのか、どの程度の時間がかかるのか、それを見極めることです。

コロナがどうなるのか、戦争がどうなるのか、それはその道のエキスパートを含め、誰にもわかりませんが、政府の対応は最終的に明確化するので、トレードに落とすことができるのです。たとえばコロナ禍であれば、政府の財政対策規模はどうなるのか、日銀はどのように対応するのか、ワクチン輸入と実施のタイミングはどうなるのか、どの程度早期にソーシャル・ディスタンス措置を撤回し、経済を再開させるのか——こうしたポイントは資産価格に影響を与えます。そこで政府の判断をウォッチすることで、投資判断の材料にしてもらうのです。

顧客は全てバイサイド（資産を投資運用する業種）なので、運用リターンで競争しています。当然、バイサイドの人々、特にヘッジファンドには秘密主義者が多く、表に出ることを極端に嫌います。もし私がテレビに出て、ヘッジファンドの顧客に提供している情報と同じようなことをしゃべってしまったら、「こっちは高い金を払っているのだから、外でぺらぺら話すんじゃない」と怒るでしょう。

ホテルにたとえるなら「小規模、ラグジュアリー」

ニッチな仕事ゆえ一般的なキャリアパスというものは存在しません。「今こういう人間が必要だ→適当な人間がちょうど見つかった→採用する」といった感じです。私がG7グループに採用された経緯がまさにそれでした。同じように確立した転職市場もありません。

投資銀行であれば、モルガン・スタンレーで実績をあげた人は、ゴールドマン・サックスに移っても通用するでしょう。それは建設業界、ホテル業界、商社やマスコミでも同じだと思います。こうした業界は一定規模の代替マーケットがありますが、前述したように、私の会社とガチンコでぶつかる同業他社はありません。

たとえば日本でも有名なイアン・ブレマー率いるユーラシア・グループも、独立系コンサルティング会社ですが、会社の専門分野が異なります。地政学が国際金融市場に大きな影響を与える中、ユーラシア・グループと契約しているバイサイドの投資家も少なくないでしょう。しかし彼らは金融政策や財政政策といった狭義のマクロプレーの専門家ではありません。海外の途上国に投資を考えている企業は、現地の状況や投資リスクについての情報を必要としますが、彼らの強みはそうしたカントリーリスク分析です。

同じグローバルな投資家を相手にするコンサル業界を大雑把にみると、そこで働いているのは1000人程度のイメージでしょうか。どういった職種まで含めるか次第ですが、たとえば、毎日数字と格闘している独立系のデータ・アナリストであったり、ある国や業態に特化した方も含めれば、「同業者」の数はもっと多くなると思います。

対顧客でいうと、大別して二つのビジネスモデルがあるように見受けられます。一つはニューズレターを主商品とするモデルです。ニューズレターを配付する限界コストはゼロに近いので、客単価を下げ、出来るだけ多くの顧客を獲得する、いわば薄利多売のアプローチになります。もう一つはコンサルティングを主商品とし、客単価を上げるモデルです。オブザーバトリーもレポートを出していますが、それは会話の叩き台という意味合いが強いものです。実際、毎日数多くの問い合わせがメールで届きますが、それに一つ一つ回答していくには時間を要しますし、業界スタンダードのコンファレンスコール（電話会議）は1時間なので、対応できる数に限界があります。

私が駆け出しの頃はマクロプレーの勃興期でしたので、顧客の悩みは情報不足でした。ブルームバーグ社のニュース配信は現在、金融業界では必需品になっていますが、同社が始めた1990年当時はコンテンツ確保に苦しんでいました。実際、G7グループもブルームバーグ社からコンテンツ提供のビジネスオファーを受けました。

しかし今はその逆です。ヘッジファンドのオーナーは超多忙であり、情報は腐るほど入ってきます。むしろ情報過多によって何が大事なのか、何がノイズなのか、その峻別が困難な時代です。誰かが情報の取捨選択をする必要がありますが、それをどうするのか。私を含め、誰もクリスタルボールを持っていません。

そこで大事になるのはコンフィデンスです。私のストーリーが正しいにせよ、間違っているにせよ、聞くに値するという信認を置いてもらう必要があるのです。これもチャーチル語録ですが、「政治とは明日、来週、来月、来年に何が起きるかを見通す能力である。そして後日、なぜそうならなかったのかを説明する能力だ」というものがあります。

チャーチルが指摘したように、私のストーリー通りにならなかったとすれば、なぜそうならなかったのか、少なくとも説明ができなければ、私は相手からの信認を失います。信認を維持するには、自分のストーリーラインの強みと弱みを客観的に判断し、自分が間違うとしたら、ここかあそこか、そのどちらかだ、そうした認識を明確に持つことが重要です。それを事前に説明しておけば、ヘッジファンドは納得してくれます。

超多忙なヘッジファンドのオーナーが助言を求める外部の人間は、その案件毎にほんの数人です。たとえば日本に投資をするかどうかを考える時、ヘッジファンドが話を聞くのは一人か二人なので、その内の一人にならない限り、話は聞いてもらえません。

1981年にシカゴ大学のシャーウィン・ローゼン教授が提唱して以来、経済学の分野で活発な議論が行われてきたテーマに「スーパースターの経済学」というものがあります。スポーツや音楽など大衆娯楽の分野では、同じ「プロ」でも末端とトップレベルの間には途方もない収入格差が存在します。プロテニス選手でもプロゴルファーでも、世界ランキングが上位であれば、スポンサーがついて世界のツアーをすべて手配してくれますが、その順位に達しない場合、普段はコーチで稼ぎながら、自費でツアーにチャレンジする必要があったりします。

インかアウトか、その差が非常に大きいのです。先にG7グループの社長であったジェーン・ハートレーの話をしましたが、彼女のサークルも同じように、インかアウトかの二択ですし、たとえば私が日頃からお世話になっている財務省幹部も同じです。話をする価値があると思うか、思わないか、明確なラインがあるので、インになる必要があります。

つまり、「あの人が言うなら」という人間関係を築くことが重要であり、彼らはその人間関係に対価を払っているのです。ホテルで言えば、痒い所に手が届くサービスを提供する小規模なラグジュアリーホテルのイメージです。

政策・政治と金融をつなぐ架け橋

オブザーバトリー・グループの社員数は20〜30名といったところで、メンバーたちの経歴は多種多様です。

たとえば欧州担当のフランス人は、もともとジョージ・ソロスのもとで政策・政治分析をしていましたが、その後、マクロン大統領の経済アドバイザーを務め、うちの会社に移ってきました。インド担当には以前、すごく優秀なアナリストがいたのですが、インド証券取引委員会の常任ボードメンバーに引き抜かれてしまいました。中国担当のキャリアは中国外務省に始まり、中国のソブリンファンドであるCIC（中国投資有限責任公司）にいたこともあります。FRB担当はFRBで長いキャリアを築き、金融政策決定会合に相当するFOMC（連邦公開市場委員会）にシニアスタッフとして参加していました。

すでにブラインダー元FRB副議長や、中平元財務官もG7・オブザーバトリーの関係者であったと書きましたが、こんなふうに政府の内側と外側を行き来する、いわゆる「リボルビングドア（回転扉）」を経験している人は珍しくありません。

実は私のケースが稀なのです。もう一度言いますが、業界が大西部開拓時代であったので、可能だったのでしょう。G7・オブザーバトリーの社長であったジェーンがフランス大使になって退職したので、私が最古参の人間です。業界が成熟するにつれ、その道の経験者でないと、信認が得られないようになり、今ではリボルビングドア型になっています。

オブザーバトリーの議会担当は共和党上院議員の政策担当秘書官をしていました。名刺入れに議会関係者の名刺がぎっしりと詰まっていて、電話一本で議員スタッフとアポイントが取れて、「最近あの件はいったいどうなっているの?」、「将来的にどういう展開になりそう?」といったことを聞くことができるのです。

日本でそういうコネクションを持っているのは官僚です。30年ぐらい中央官庁に勤めていると、永田町・霞が関に大勢の顔見知りができて、名刺・名簿も膨大な量になっているでしょう。日本では彼らが議会シニアスタッフ、政策立案スタッフとして機能しています。

アメリカの政治家の政策秘書は、いつどこから矢が飛んでくるかわからない、一日24時間、気の休まらない仕事です。ストレスは強いし、給与も安い。だから、経験豊富で、かつもっと儲けたいという野心的な政策秘書の多くは「ロビイスト」に転身します。これはよく知られている定番コースです。

ただ、ロビイストもまた、ハイプレッシャー、ハイストレスな生活です。彼らは活動の結果として政策に影響を与えることが存在意義なので、精神的にも、肉体的にも相当タフでないと務まりません。だから、家庭での時間をもっと増やしたい、静かな環境で心穏やかに暮らしたい、と考える人には向いていていません。

私たちはそういうキャリア・チェンジを考えている優秀な議員スタッフを探し出して仲

間にするわけですが、出会えるかどうかは運やタイミング、後はその人の価値観次第です。

シンクタンクのレポートとの違い

ワシントンで政策を分析していると聞くと、シンクタンクが発表しているレポートとどこが違うんだろう、と疑問を抱かれる方もいるかもしれません。確かに、ブルッキングス研究所やCSIS（戦略国際問題研究所）を筆頭に、ワシントンには数多くのシンクタンクが存在しています。

しかし顧客の多くは「読んでいない」と言います。企業の「C」のフロアの人たち、つまりCEO（最高経営責任者）やCIO（最高情報責任者）も読んでいない、と言います。どんなに立派で詳細に書かれたものであっても、50ページとか100ページの分量のレポートを読む時間が、超多忙な彼らにはないのです。

より重要な点は、その分析がどのように投資判断に役立つのか、です。しかし、彼らが知りたいことはシンクタンクのレポートには書かれていません。金融投資であれば、究極的には「何を買えばいいのか／売ればいいのか」ということですし、実物投資の世界でも同じことです――インドでのビジネスを加速すべきなのか、現状維持なのか、縮小すべきなのか？

シンクタンクのレポートは投資家やビジネスリーダー向けに書かれたものではありません。シンクタンクはある意味、ワシントンの政策に携わるプロたちの「リボルビングドア」の場です。共和党が政権をとれば、共和党系のヘリテージ財団やＡＥＩ（アメリカン・エンタープライズ公共政策研究所）などのシンクタンクの研究員が政府機関へと流れ込み、下野した民主党の政策スタッフはＣＳＩＳやブルッキングスなどで研究員の肩書きを得る、という仕組みが出来上がっています。

学者のアカデミックな論文の対象読者が、同僚の学者たち向けであるのと同じように、シンクタンクのレポートの対象は同僚のエリート・テクノクラートたちなのです。

これらは政治文化として党派性が強く、ポリティカルアポインティー（政治任用）が浸透しているアメリカならではの現象です。その意味では、たとえば日本政府が発表する30〜40ページに及ぶ経済対策はそれに類似しています。箇条書きでずらずらと並べられた項目を読んでも、それらが実際に何を意味するのか、どのような具体的な政策に落とし込まれるのか、どこにお金がつくのか、霞が関の外の人間には皆目見当がつきません。あれは霞が関・永田町の住人を対象につくられているからです。

投資銀行や証券会社のレポートとの違い

シンクタンク以外のレポートとしては、投資銀行や証券会社が発行しているものがあります。こうしたレポートは表面上、ガチンコで競争相手になりますが、やはりそれなりの棲み分けがあります。

資産を運用する側をバイサイドと呼び、投資銀行や証券会社はセルサイドと呼ばれますが、バイサイドの投資家はセルサイドのレポートに対して半信半疑です。投資銀行には内部に自己資金を運用する部門が別にあります。この自己資金運用部門とアナリストの間にはファイアウォールがあるはずなのですが、必ずしもそれが機能しているように見えないことがあります。たとえば自己資金運用部門が円買いを事前に進めた上で、同社のアナリストが、「これから円が上がりますよ！」と煽り立てているように見えることがあるからです。

オブザーバトリーの場合、マネーの運用は一切していません。あくまで政策・政治と市場のネクサスを分析し、それに対してコンサルティング料金を受け取る形式です。実際にお金を運用すると、どうしても色眼鏡で物事を見てしまいます。人間誰でも見たいものを見る傾向がありますが、お金がからむとそれに拍車をかけてしまいますから。

先ほど、オブザーバトリーのビジネスモデルを小規模なラグジュアリーホテル形式と述べました。セルサイドは非常に多くの顧客を相手にするので、プライベートな人間関係を構築するには必ずしも向いていません。もちろん、セルサイドにも優秀で、ヘッジファンドが耳を傾けるアナリストはたくさんいます。あえてホテルの例を続けるとすれば、セルサイドは高級ホテルチェーンなのに対し、オブザーバトリーは高級温泉旅館でしょうか。

「ヘッジファンド」とは？

「齋藤さん、ヘッジファンドっていったいどんな人たちがやっているのですか？」、「数千億円とか数兆円の資産を持っているような人たちは、普段何を考えて、どんな生活をしているのですか？」。

知り合いの日本人から、こうした質問をされることがよくあります。もちろん、アメリカ人から尋ねられることもあります。彼らからしても、ヘッジファンドというのは、よく聞くものの、直接見たことはない〝得体の知れない〟存在なのだと思います。

ウォール街を舞台にした映画やテレビドラマの影響で、「カネの亡者」、「強欲」、「資本主義の化身」といったイメージをお持ちの方も多いと想像します。

ヘッジファンドそのものの定義は簡単で、レバレッジをかけて投資を行う機関投資家（大口投資家）くらいに考えていただければと思います。「レバレッジ」とは、「梃子《てこ》」という日本語訳が示すように、手元の資金（証拠金と呼ばれる担保）を元手にそれよりはるかに大きな金額を動かして取引する（＝レバレッジをかける）ことを意味します。予想が当たれば通常取引の何倍もの利益を得ることができますが、外れれば莫大な損失を被ることもあります。そのため、投資に失敗して破綻することも珍しくありません。

オーナーは〝絶対的権力者〟

さらに一歩踏み込んで、「ヘッジファンドとは……」と語ろうとすると、途端に言葉に詰まります。〝定型〟〝定番〟というものはなく、色々なヘッジファンドがあるからです。オフィス一つとっても、大手の場合は大きなオフィスをドンと構え、モダンアートをバーンと並べているところが多い気がします。立地についてはニューヨークのミッドタウンやロンドンのメイフェアーに拠点を置いているところもあれば、ニューヨークに隣接するコネチカット州に購入した荘園屋敷を改造してオフィスにしているところもあります。

第三者から資金を預かって運用するヘッジファンドが古典的なケースですが、その場合、ヘッジファンドに運用を委託した高額資産家、企業、年金基金などの最終投資家が存在します。そうした最終投資家を圧倒し、「うちは大成功しているので、お金の運用をお任せください」という宣伝効果を狙っているのでしょう。

他方で、賃料の安いオフィスを借りて内装にも無頓着なヘッジファンドもあります。ヘッジファンド界の大物はしばしば運用成績の良い若手のポートフォリオ・マネジャー（運用資産管理者）に資金提供し、新しいファンドの立ち上げを援助します。この場合、ヘッジファンドのオーナーが最終投資家になるので、新しいファンドはオフィスの内装に気を使う必要はありません。

またその逆に、あまりに巨額の富を手にしたヘッジファンドのオーナーが外部の最終投資家のマネー運用を断り、自分とその親族の資産だけを運用するケースもあります。外部のお金を運用しないヘッジファンドの場合、監督当局への報告義務が大きく減り、運用の自由度が高まるという利点があるのです。このタイプのファンドを「ファミリー・オフィス」と呼びますが、彼らは外部の最終投資家がいないので、オフィスにお金をかけていない場合があります。

ヘッジファンドに共通して言えるのは、オーナーの力が圧倒的に強いという点です。ヘッジファンドは基本的に個人経営なので、桁違いの収入が得られるのは〝絶対的権力者〟であるオーナーとコアとなるパートナーです。ポートフォリオ・マネジャーたちは腕一本の出来高勝負なので、巨額を稼ぐ年もあれば、散々な年もあります。彼らの中には、かなりの頻度でファンドを転々とする者も少なくありません。あるファンドにいる時に親しくなったポートフォリオ・マネジャーがクビになっても、次のファンドで再会するといったこともしばしばで、それなりに狭い社会です。

成功したヘッジファンドのオーナーたちの自宅になると桁違いのスケールです。たとえば、親しい巨大ヘッジファンドのオーナーの一人は、スイスのレマン湖のほとりにある古城に住んでいます（スイス在住の理由の一つは税金対策ですが）。

その城内には印象派の画家の作品が飾られています。本物かどうか、直接確かめてはいませんが、トイレにもルノワールが掛かっていました……。日本でもバブル期、数億〜数十億円レベルの印象派の名画を次々と競り落として大きなニュースになったことがありました。その親族たちが相続絡みで印象派の絵画を売ろうとしている、そんな話が世界的な富裕層のネットワークで広まると、このヘッジファンド・オーナーはプライベートジェットで日本に飛び、直接売買交渉し、絵画を持ち帰ったりしているそうです。

オーナーたちの意外な〝共通点〟

では、そういったヘッジファンドのオーナーたちはどんな人たちなのか。一言でいうと、「変な人」が多いです。ロジカル（論理的）に思考することが苦手な代わりに直観力が異常に優れていて、私たちには見えないものが見えているのではないかと思わせる人もいます。ＡＤＨＤ（注意欠如・多動症）や、ハイファンクション（高機能）自閉症を思わせる人もいますし、それを公言している人もいます。

もっとも、私も変わっているので、彼らに好かれているのかもしれません。

全体的に、社交的で口八丁手八丁の人は少ないように思います。パーティーでの軽い立ち話のような〝中身のない〟会話が苦手だという人、そもそも人づき合い自体が苦手という人も珍しくありません。ある超大手ファンドの設立以来のナンバー2の結婚式に招待された時、オーナーもその場にいましたが、会場の端っこの方で居心地悪そうに一人でポツンとしていました。私を見つけると嬉しそうに近寄ってきて、ずっと日銀の金融政策について語っていました。社交的な話をしないで済むのが楽だったのでしょう。

ヘッジファンドのオーナーに共通する特徴として、おそらく最も顕著なのは、全員がワーカホリック（仕事中毒）だということです。

たとえば、あるオーナーはバケーションをとって自分の島（島ごと彼のものです）に行く際、先に秘書を現地に送って、オフィスと同じ環境をセッティングさせるそうです。自身が到着すると、仕事を始めます。オフィスにいるときと変わらない生活リズムで、滞在中は基本的にずっとハードワークです。窓から見えるのはニューヨークの摩天楼ではなく、エメラルドグリーンの海と真っ白な砂浜ですが、これってバケーションの意味がないですよね？

何が彼らをそこまで駆り立てているのでしょうか。

直接尋ねたことはないので、これから述べることはあくまでも私の推測ですが、一つは勝負そのものの持つスリルであり、「生きている感」だと思います。極限状態で勝負をすることで多くのアドレナリンが出て、今、この瞬間を生きていると感じ、それが快感になっているのではないでしょうか。

そしてその裏返しとして、ギリギリの勝負をしていない時に感じる虚無感があり、その恐怖から逃げているようにも見えます。ある意味では、勝負をしていないと、自分の存在意義がわからなくなり、心の中に空いている穴を埋める必要が出てきます。

もっと単純に言うと、コンプレックス（劣等感）かもしれません。人によって対処の仕方は違いますが、経済的な意味において生産的なのは、コンプレックスという負のエネルギーを何がしかの形でプラスのエネルギーに転換することです。心理学的に言えば、自分と正直に向き合い、消化していく方が精神衛生的には良いのかもしれませんが。

彼らを突き動かしているのはマネーそのものではありません。たとえば個人資産が10億ドル（1ドル150円で計算して1500億円）を超えれば、城でも、島でも、飛行機でも、スポーツチームでも何でも買うことができます。しかもその内の1000億円分を8％程度のリターンを狙った安全投資（8％は、ベンチマーク扱いされるS&P500の過去20年の平均年率リターンです）で運用していても、年間80億円の投資収入が生まれます。物を買う対価としてのお金はそれ以上、必要ないでしょう。

逆に言うと、「がっぽり儲けて贅沢な暮らしをしたい」といった浅薄な動機では、ヘッジファンドのオーナーとしてやっていけないと思います。いま、この瞬間を生きているという快感であれ、その裏返しの恐怖・コンプレックスであれ、その人を駆り立てる強烈なドライブがないと、勝負を挑み続けることはできないと思います。

アリストテレスの幸福論では、人生の最終的な「目的」は幸福になることだとされています。お金を稼ぐこと、有名になること、モテることなどはそのための「手段」であり、ゴールそのものではない、という考え方です。何が自分にとって幸福なのか、その答えは一人一人違いますが、アリストテレスの言うように、社会生活の中で自己実現をすることが幸福なのだとすると、ヘッジファンドのオーナーたちは、前段部の「社会生活」では輝かしい成果を叩き出していますが、後段部の自己実現はどうなのでしょうか。

私には他人の自己実現を評価することはできないので、私の自己実現の話をさせて下さい。

トランスジェンダーを受け入れてくれたアメリカ

先に私は性的マイノリティだと書きましたが、具体的にはトランスジェンダーです。人間なら誰でも自分らしく生きたいと思うでしょう。それは性自認に限らず、仕事でも趣味でもそうだし、あらゆることについてです。でも、カミングアウトしたり、自分をさらけ出したときに、嫌われるんじゃないか、ドン引きされるんじゃないか、という恐怖もあります。また、社会にそうしたものを受け入れる環境や土壌がない場合、経済的、社会的不利益を被る可能性もあります。

　前述したように、私がトランスジェンダーを初めて告白したのは、大学の最初の2年間を過ごしたカリフォルニアでした。恐る恐るカミングアウトした私に対し、肯定的に反応してくれたのがすごく印象的でした。その後日本の大学を卒業して就職するわけですが、その間も男性のふりをするのが苦しかった時、アメリカでの温かい反応を思い出しました。最終的に銀行のビジネスモデルに限界を感じて渡米しますが、日本を住みにくく感じていたことや、自分と向き合いたい、自分であることを追求したいという思いもありました。

　ただアメリカの大学院に行っても、トランスジェンダーはまだ市民権がありませんでした。ようやくゲイやレズビアンが東海岸や西海岸の高学歴エリートに受け入れられだした時代で、トランスジェンダーはまだまだ異端扱いです。

　日本で言う「おかま」に類似するドラァグクイーンの存在は華やかでしたが、私は自分が「ドラァグクイーン」だとは思っていません。ドラァグクイーンの是非を話しているのではありません。自分がドラァグクイーンとして生きることで自己実現に向かっていると感じるかどうかの話です。

　私の性自認が女性だとして、女性の中にはショービジネスで生きていくことにやりがいや達成感を感じる人もいるでしょうが、私はそう感じる「女性」ではありませんでした。あくまで私の場合ですが、私という個人を全体で見た時、性別は属性の一部に過ぎません。「普通の」女性などは存在しませんが、多くの女性はただの人間として生きている時間が大半だと思います。仕事が終わって帰宅したら、楽なラウンジウェアに着替えるでしょう。私も同じです。ミニスカートにピンヒールをはき「女性」を振りまくことは、女性のカリカチュア（戯画化）であったとしても、「普通の」女性として生きることにはなりません。

私は自分の能力や個性を使い、「普通に」社会人として生活をしたいと思っていましたが、そのモデルは存在していませんでした。しかし、せっかくアメリカまで来たのだから、カミングアウトをしようと思いました。そのプロセスは段階的なものになりましたが、最大の理由は自分の中での消化度合いだと思います。結局、自分が納得のいく変化でない限り、どこかで無理をすることになります。

これは先に述べた日本の「鎖国」論と共通する考えです。あまりに無理な変化を自分に課すと、それはそれで歪みを生みます。私はスターリン型やファシスト型の「大きな政府」の問題点はそれと同じだと思います。過去を否定して全く新しい自分を作り出すことは、自分のコンプレックスや「闇」と正直に向き合うことだとは思えません。それまでの過去をなかったものとして白紙にすることはできませんから。

なんにせよ、まず友人たちへのカミングアウトが成功すると、次は仕事関係です。私がこの業界に惹かれた理由は、個人の属性で判断するのではなく、個人の能力と個性が全てという空気でした。最初は女性の服を着て出社し始めました。周囲の反応は様々でした。「何でもっと早く言ってくれなかったの?」と直接言ってくれる人もいましたし、何と言ってよいのかわからないので言葉にはしませんが、私がトランスジェンダーであることを認めていることを態度で示そうとする人もいました。

そんなある日、一人の投資家が女性の恰好をして歩いている私を目撃し、うちの会社の同僚に「齋藤さんってトランスなの?」と尋ねたそうです。まだトランスジェンダーには市民権がない移行期であったので、直接訊いていいものかどうか、迷ったそうです。同僚は「大丈夫、本人に訊けばいいんじゃない」とその顧客に伝えました。

後日、その顧客と電話で仕事の話をしていると、ワシントンで女性姿の私を見かけた、という話を持ち出しました。緊張しましたが、「何で声をかけてくれなかったの?」と尋ねると、「うちの会社に来るときは男性の恰好だったから驚いた。でも次回からうちの会社に来るときは好きな服を着ておいでよ」と言ってくれました。

この顧客をきっかけに、女性の姿でヘッジファンドと接するようになりましたが、ヘッジファンド関係者の反応はある意味、友人や同僚よりもポジティブだったかもしれません。エキセントリックなアーチストやミュージシャン同様、「特殊」な人には特殊な能力がある、そういう受け止め方をしている人が多い印象を持ちました。

これはようやく日本でも唱えられるようになった多様性議論の根幹です。白人でキリスト教徒の男性ばかりの集団では、出てくるアイディアには限界がある、多様な意見を取り入れてこそ市場の深みが出る、と。

最後になったのが日本の顧客や当局者でした。しかし隠しているのがバカバカしく感じるようになり、日本社会にも変化があるので思い切って試してみると、結局、アメリカでの反応と同じでした。実際、日本の顧客や当局者と話しているとよく言われます。「齋藤さんて面白いよね。トランスジェンダーでそんな恰好しているけど、話していると、普通の昭和のおっさん、いや御免、おばさんと話しているのとあんまり変わらないね」と。

あくまで私見ですが、これが新自由主義の一番美しい部分だと思います。確かに新自由主義は自己責任を求めますが、その裏側にある「自分の選択」のハードルも下げてくれました。自分の選択であれば、その責任は受け入れやすいものです。

ソロス・ファンドを大儲けさせた「予測」

ヘッジファンドは金さえ儲けさせてくれれば何でもいい、という価値観で動いていると先ほど述べましたが、では、実際にヘッジファンドを儲けさせるとはどういうことか。

2012年の秋、ソロス・ファンドは年末までの数か月に円売りだけで10億ドルの利益を叩き出しましたが、その実例を使って説明します。

その年の9月末、私はソロスの〝右腕〟であり、CIO（最高投資責任者）を務めるスコット・ベッセントからオフィスにくるように言われました。訪れると、彼の後ろには何十人というポートフォリオ・マネジャーが勢揃いしています。私の書いた「日銀改革と日本の転換点」に関するレポートに興味を持ったのです。

ソロスの投資スタイルは基本的に「inflection point（=転換点）」に全力を傾注するものです。サーフィンにたとえると、「普通の波であれば、ポートフォリオ・マネジャーに任せておけばよい、しかし大波が来る時は自分の出番だ」というアプローチです。

その最たる例が、1992年にイングランド銀行にポンド売りを仕掛けて打ち負かした、いわゆる「暗黒の水曜日」でした。当時、ソロスの〝右腕〟はスタンレー・ドッケンミラーでしたが、若き日にこのチームの一員だったスコットは2011年にソロスのCIOになり、今度は自分が主導する「暗黒の水曜日」を狙っていたのでしょう。

そして彼は直感したのだと思います。私の書いたレポートが正しければ、円売り・日本株買いの大勝負をかけるチャンスだ、と。ソロスは当初、煮え切らない態度でしたが、スコットの説明を聞き、提案した金額の倍の円売りを仕掛ける決断をしたそうです。

そのスコットは、「トランプ2.0」で財務長官になることが決まっています。スコットはゲイであることをオープンにしており、議会で承認されれば、共和党としては初めてのLGBTQコミュニティーの閣僚になります。LGBTQで議会承認を受けた閣僚としては、バイデン政権で運輸長官を務めたピート・ブティジェッジが史上初ですが、財務長官と運輸長官ではその重みが決定的に違います。

人間は線引きが好きな生き物です。何かを理解するということは、線を引いて分類するプロセスなので、分類を通じた認識・理解を超越する、つまり仏教でいう「悟り」の境地に達しない限り、線引きそのものは知る努力と同義です。問題は線の引き方です。

その意味において、熱烈なトランプ支持者がスコットの財務長官指名に強い不満を示していることは容易に理解できます。彼らの線引きでは、ゲイでグローバリストのスコットが財務長官になることには賛同できないのでしょう。しかし人間の本質は単純な線引きよりもずっと複雑ですし、トランプ本人にしても、リベラルメディアやエスタブリッシュメントが戯画化するような単なる道化師ではありません。

スコットが財務長官候補に指名されたことについてメディアに問われたドラッケンミラーは「ジョージ・ソロスとドナルド・トランプの両方と仲良くできている。それ以上、何を知る必要があるのか？」と答えています。右派も左派も自分の見立てにフィットするように好き勝手な線引きをしているが、そんな単純ではないと指摘しているのです。

ちなみに、2012年の円売り・日本株買いで大儲けをしたスコットはすっかり日本ファンになり、財務長官でなければ、日本大使を望んでいたそうです。

話を戻すと、この時期の株価・為替チャートを見ていただくとわかりますが、円は急速に下落し、対照的に日経平均株価は上昇に向かいます。それを仕掛けたヘッジファンドの一つがソロス・ファンドでした。

なぜ私はこのとき日銀を取り巻く環境が激変すること、そしてその相場への意味合いを予測できたのか。本質的には私が1990年代後半に金融危機を予想した時と同じですし、ソロスがイングランド銀行に攻撃を仕掛けた話とも同根です。つまりシステムと現実の乖離が拡大し、その矛盾が解消する時には市場が大きく動く、という考え方です。

日本の金融危機であれば、不良債権という現実に対し、その処理システムが欠如していたことです。ソロスとイングランド銀行であれば、マクロ経済の現実に対し、裁量的に設定された為替レートが正当化できない水準であったことです。こうした矛盾の解決には、どちらかの状況が解消する必要があるので、大きなエネルギーを生みます。それこそがソロスの好む、「inflection point」を狙った投資機会なのです。

「ビスビュー」対「フェドビュー」

アベノミクス以前、日銀の金融政策運営の根底にあった世界観は、いわゆる「ビスビュー（BIS view）」と呼ばれるものでした。これは第一次世界大戦後にハイパーインフレに陥り、ナチスの戦争マシーンをファイナンスした経験と反省に基づく金融政策理論で、金融政策の目的は物価安定に限定されるべきで、その活用もミニマム（最低限）でなければならないという立場です。ＥＣＢ誕生以前は、ドイツの中央銀行であるブンデスバンクの名を冠し、「ブンデスバンク・ビュー」と呼ばれていました。中央銀行理論の歴史的系譜をキチンと意識していたかどうかはともかく、日本の戦後の知識人やメディア関係者等の多くも大戦への反省から、「ビスビュー」的な世界観が正しいものであり、政府の放漫財政を許さない「厳しい」中央銀行像を一つの理想として受け入れていました。

1980年代後半に発生したバブル景気について、「平成の鬼平」と呼ばれた三重野康日銀総裁（当時）は、「それ見たことか、生ぬるい金融政策運営の結果がこれだ」と考え、バブル潰しに走ります。その約10年後、日銀の独立性が強化された改正日銀法の下で最初の総裁になったのは、三重野元総裁の系譜を引き継ぐ速水優《はやみまさる》であり、その後任の福井俊彦、白川方明《まさあき》もビスビューの世界観を行動規範にしていました。

特に白川総裁の時代、日銀批判として、「Too little, too late.（小さすぎるし、遅すぎる）」という言葉を聞かれた方も多いことでしょう。しかし彼らの世界観で言えば、金融政策はミニマルに運営し、バブルのような膿を許すべきではないし、財政ファイナンスに繋がるような過度な緩和は避けるべきなのです。

それとは別に、理論的に完結しているもう一つの世界観は、「フェドビュー（Fed view）」と呼ばれるものです。ここで言うＦｅｄはアメリカの中央銀行に当たる連邦準備制度理事会（Federal Reserve Board）を指しています。日本ではその頭文字をとってＦＲＢといいますが、世界では「Ｆｅｄ」と呼ばれています。

「フェドビュー」は金融政策の範囲をより広義に捉え、必要な場合、特に大きな金融ショックの際は、積極的に金融緩和を実施すべきだ、という立場です。その実践者として一番有名なのは、バーナンキ元FRB議長でしょう。バーナンキは2003年、当時はFRBの理事として金融危機後のデフレに苦しむ日本を訪れ、金融政策をアクティブに使うことを推奨していいます。そして2000年代後半にアメリカで住宅バブルが破裂し、リーマンショックが発生すると、バーナンキは自らの理論を実践する機会を得ることになります。

リーマンショックの数か月前、2008年の4月に日銀総裁になったのが白川日銀理事でした。経済理論と実践面の両方において、白川総裁は「ビスビュー」の信奉者でしたが、リーマンショックが発生し、バーナンキが金融積極主義を加速度的に推し進めると、強烈な円高と株安に拍車がかかり、日本経済はボロボロになっていきます。

この過程を苦々しく見ていたのが、2007年の参院選後に退陣を余儀なくされた安倍晋三元総理でした。後任の福田康夫総理はねじれ国会に苦しみ、翌年3月には参院で多数派を形成する民主党が日銀総裁人事をブロックし、日銀人事は政争の具になりました。最終的に民主党が押し切る形で、白川総裁誕生に繋がります。自民党イジメとして日銀人事を利用した民主党は、2009年に与党になると、低迷した経済と円高・株安が自らの課題となりました。しかし「ビスビュー」世界観を行動規範に持つ白川総裁は思うように動いてくれず時間の経過と共に、白川日銀に対する民主党の不満は高まっていきました。

私に言わせれば、2012年の晩夏までにはハッキリしていたのです。世界中が「フェドビュー」世界観を追求する中、日本だけ「ビスビュー」世界観で金融政策を運営していたので、負けるべくして負けていると。つまり経済・政治の現実がいずれ日銀の「ビスビュー」追求を許すことはなくなる。後はそのトリガーを待つだけでした。白川総裁の任期切れは2013年3月に迫っていました。そして民主党と自民党の来るべき衆院選に向けた選挙公約を確認した時、私は日銀がその行動規範となる世界観の修正を迫られる、そう直感しました。両党共に一丁目一番地は日銀の金融政策の積極活用だったのです。9月26日の自民党総裁選で安倍晋三が勝利したことで、私の見立ては確信になりました。

日本の常識は世界の非常識?

しかし当時、日本の投資家や金融機関は全く反応しませんでした。リベラル知識人同様、彼らも金融政策を積極的に使う政策をキワモノ扱いしていたのです。「フェドビュー」の世界観は「リフレ派」と呼ばれ、アベノミクスを含めて危険な考え方だとの評価があったことをご記憶の方も多いかと思います。特に左派はその議論を展開しました。しかし世界全体では、リーマンショック以降、「フェドビュー」が世界標準になっていたのです。

従来の世界観を守りたい日銀や財務省、債券市場のアナリスト、その他の「有識者」は日本の「リフレ派」を異端扱いすることに成功しましたが、外から日本を見ていると、「日本の常識は世界の非常識」の構図でした。安倍総理がノーベル経済学賞を受賞したポール・クルーグマンやジョセフ・スティグリッツを招いていたのは、左派による反リフレ派キャンペーンへの対抗であり、アベノミクスが世界標準だ、とのカウンターPRです。

ちなみに、私は「フェドビュー」が正しいのか、「ビスビュー」が正しいのか、その価値判断をしているのではありません。ヘッジファンドが顧客である以上、この二つの世界観の激突が投資家にとって何を意味するのか、それを中心に考えます。

世界が金融積極主義を追求し、事実上の通貨切り下げ競争に走っている時、日本だけ慎重な金融政策運営を実施すれば、円高・株安によって、日本が大負けするのは明白でした。そして私は政治の世界がいつまでも日本の一人負けを許すことはない、そう考えたのです。

個人的な価値観を問われたら、「フェドビュー」と「ビスビュー」は表裏一体だと思っています。前者の持つ積極的なリスクテイクの裏返しに、資産バブルや放漫財政といった負の要素が存在し、この負の部分を抑制するところに後者の強みがあります。しかし資産バブルがはじけた後も「ビスビュー」を続けると傷口に塩を塗ることになり、平時においても新しいものを生み出すアニマルスピリットを抑制してしまうところに弱みがあります。

重要なのは、その時々の経済がどの状況にあり、どんな処置を必要としているのか、それを見極めながら前者と後者を使い分けることだと思っています。私は白川日銀が「ビスビュー」を行動規範に置いて一人負けを続けることは政治的に持続不可能だと考えましたが、日本の投資家やアナリストは、日本の現状を知らない海外の人が何か変なことを言っている、そう一笑しました。1997年の榊原英資元財務官の当初の反応と全く同じです。

あるシステムの中で育つと、無意識のうちにその基調的な価値観や前提を受け入れ、フレッシュな第三者の視点で見つめ直すことができないことがあります。私にとって、トランスジェンダーであることは強いコンプレックスの根源でしたが、前提となっているシステムを疑う、ソクラテス風に言えば、無知の知が培われたことは幸いでした。

ちなみに、白川日銀は、基軸通貨国のアメリカが積極緩和に踏み切り、事実上の通貨安を追求したことに対し、強い困惑と憤りを感じていました。各国が近隣窮乏化策を採用することになれば、大恐慌後の30年代と同じではないか、しかも国際金融システムを裏書きしているはずのアメリカには超大国としての義務があるのでは、との思いです。

日本では権利と義務を表裏一体だと考える傾向が強いですが、アメリカの独立宣言は「不可侵の権利」で始まるものの、権利の代償としての国民の義務については語っていません。私としては、基軸通貨国であるという強大な権利は、システムを支える義務と裏返しであるべきだとは思いますが、国際金融市場で「べき論」を振りかざしても無意味です。また身も蓋もない言い方をすると、それがカジノのオーナーの強さです。

他の国がダラシナイことをしているからといって、自らもそれに追随すべきではない、白川総裁にはそうした孤高の信念があったのだと思います。それは一般論として立派な考え方ですが、政治と社会は崇高な信念のために殉教者の道は選びませんし、選ぶべきでもありません。私は日銀が遠からず標的になると考え、山口廣秀副総裁（当時）と懸念を共有しました。山口副総裁は何とかそのリスクを回避しようと奔走しましたが、時すでに遅し、「ビスビュー」の世界観と「フェドビュー」の世界観のクラッシュが発生しました。

私がアベノミクス・トレードを推奨できたのは、一つのシステムが崩れることを確信したからですが、それに対して強い興味を示したのがソロス・ファンドであったことは偶然ではないと思います。彼が大勝負をかけるのは、パラダイムシフトが起きる時ですから。

これは余談ですが、日本人で最初にアベノミクス・トレードに本気で賭けたのは三井住友銀行の高橋精一郎副頭取（当時）でした。その秋に高橋副頭取が動いた瞬間、ヘッジファンド業界は大騒ぎになりました、「いよいよ日本人も動いた！」、と。

私の会社の場合、自分ではお金を運用しませんので、あくまで黒子であり、傍観者です。外れたとしても、「申し訳なく思う」、「恥ずかしい」、つまり私の感情の話に過ぎません。実際にマネーをかけてリスクをとるかどうか、それがこの業界の肝なので、高橋副頭取が動いたことはアベノミクス・トレードの転換点になったと思います。

高橋副頭取は安倍総理とも非常に近い人物です。昭恵夫人が公開して有名になった「男たちの悪巧み」と題された写真で総理の隣に座っているのが高橋副頭取です。高橋副頭取と私は2012年の秋からのアベノミクス・トレードの中心にいたので、今でも二人で会うと、「あの時は楽しかったよね」と話しています。

余談ついでに言うと、アベノミクス・トレードが一段落してから、ソロスの自宅に呼ばれたことがあります。場所はセントラル・パークが見下ろせるアッパーイーストサイドにある超高級マンションです。アベノミクスの見通しなどについて質問をされたり、小一時間ほど、意見交換をしました。物静かな口調で、終始穏やかな様子が印象的でした。

ソロスには単なるヘッジファンド・オーナーではなく、「賢人」、「哲学者」といった評価があります。そのときもまさにそんな印象でした。しかし、ファンド内部から聞こえてくる話では、大勝負に出たときのソロスは昼夜を問わずスコットやポートフォリオマネージャーに電話をかけてきて、投資パフォーマンスについてあれこれ質問するマイクロマネジャーだそうです。私としては、外の顔と内の顔のギャップに苦笑を禁じえませんでしたが、これはこれで貴重な体験でした。

次の変化がやってくる

このように、1990年代のアメリカは急速に新自由主義のエートス——属性より能力、伝統・文化より経済合理性を重視する空気——が社会を席巻し、それが世界標準になっていく起点でした。そしてその中で私はヘッジファンドを相手にするエキサイティングな仕事を見つけ、自分に正直に生きていくことも実現することができました。

私はまさにこのエートスの中で育まれ、その恩恵に浴した「新自由主義の申し子」と言っても過言ではないでしょう。

しかし今、過去30年の行動規範となった世界観は逆回転を始めています。これは「フェドビュー」vs.「ビスビュー」というような小さなシステムの激突の話ではありません。（金融市場にとっては大きな話でしたが。）

1931年の大晦日、10年後には太平洋戦争に巻き込まれていると見通せた日本人は皆無だったはずです。1991年の元旦、日本が「失われた30年」に陥ることを見越した人もいないでしょう。私が日本を「ショート」したのが1993年ですので、1990年代後半の金融危機は想定の範囲内でしたが、「失われた30年」になるとは思いませんでした。

しかし今、私は新自由主義という様々な行動の根底にあった世界観が瓦解し、勝者と敗者が入れ替わると確信しています。つまり読者の皆さんの生活を規定してきた「常識」も大きく変わるはずです。

個人的に言えば、この世界観が続いてくれることは、金銭面でも、生き方としても、ありがたい限りですが、業界でよく使われる言葉で言うと、「Hope is not a strategy.」、希望は戦略ではありません。

新しい世の中が来るのであれば、それに備えて準備するしかありません。しかし変化はチャンスです。そしてこの本で私が言いたいことは、これから来る変化は日本にとって大きなチャンスになる、ということです。

第3章　「失われた30年」の本質

日本が直面する「三度目の大転換」

第1章で述べたように、過去100年間でアメリカは根幹的な統治観を二度変えました。最初は、1930年代の大恐慌を契機とする、それ以前の支配的なビジョンであった「自由放任主義」から「大きな政府」への転換です。そして、二度目は1980年代のレーガン革命時の「大きな政府」から「小さな政府」へのシフトでした。

アメリカがこのように統治観を変えたとき、いずれのケースにおいても、その後の世界の政治・経済システムの基本構造に計り知れないほど大きなインパクトを与えました。その一方、日本との関係に焦点を当てると、アメリカはこの1930年代と1980年代の転換期、日本を戦略的競争相手と位置づけたうえで、日本のさらなる躍進を抑えようと執拗な圧力をかけ続け、最終的に日本を弱体化させることに成功しました。

二度にわたってアメリカに苦しめられた日本の経験は、現在の世界を分析するうえで、きわめてユニークな視点を提供してくれます。

というのも、今まさに世界は、再びアメリカを地殻変動の震源地とする、統治観の大転換のただ中にいるからです。この三度目の転換は、過去二回と同様、この先数十年の世界のあり方を規定することになると思います。そして、これからの数年間は、歴史家たちが数十年後に「あのときが日本の転換点だった」と位置づける時期に相当すると、私は考えています。

下駄をはかせてもらった高度成長

覇権国家は、ナンバー2の国がその座を脅かす存在になると叩きます。日本はこの100年で二度、アメリカへの脅威と認定され、その攻撃対象となりました。

まず、1930年代、アメリカは自身が統治観の変化に苦しむ中、禁輸措置やその他制裁を通じ、東アジアで勢力を拡大する日本を締めつけました。アメリカの眼には、日本による植民地支配の拡大が東アジアの秩序に対する喫緊の脅威だったのです。日本はアメリカからの石油輸入が不可能になり、二進《にっち》も三進《さっち》も行かなくなって対米開戦に踏み切ります。その後の悲惨な展開は、皆さんがよくご存じの通りです。

第二次世界大戦後にソ連との間で冷戦が始まると、アメリカは日本を東アジアの戦略的パートナーにすることを決めました。日本は、冷戦という地政学的条件のもとで、アジアに一定の力を備えた同盟国を必要としたアメリカによって助けられ、〝破格の待遇〟を与えられました。

アメリカの支援のもとで日本は奇跡的な経済成長を成し遂げます。恵まれた環境があってもそれを生かすことのできない国々があることを考えると、この成長が日本人の懸命な努力の賜物《たまもの》であることは確かでしょう。勤勉な国民性がありましたし、政財官の緊密な連携のもと、政府主導で限られた資源をうまく有効活用したと思います。

ただ、戦後一貫して圧倒的なスケールであり続けたアメリカ市場への輸出を許される一方、輸入については資源など必要最低限のものだけにするなど、きわめて特殊な環境で経済活動に邁進できたことを見逃してはなりません。ゼロから1が作れなくても、米欧が作ったものを真似して改善を繰り返すことで品質を高め、それをアメリカに売ることができました。しかもアメリカが安全保障を肩代わりしてくれたので、防衛費を最低限に抑えて経済に特化することもできたのです。その意味では、奇跡などではなく、アメリカという「カジノのオーナー」が勝たせてくれた結果だといえます。

風向きが変わり始めた1980年代

アメリカが「強い日本」を求める中、日本の繊維製品がアメリカの市場シェアを急速に席巻していった1950年代に発生した日米繊維摩擦も、両国の関係にひびを入れるような深刻な問題にはなりませんでした。その後、鉄鋼や造船などについても、アメリカは「まあ、しょうがないか」といったところがありました。

しかし、対象が自動車、そして半導体となってくるとアメリカの態度が変わってきます。日本は1970年代の二度のオイルショックをほぼ無傷で乗り切りましたが、アメリカはインフレに苦しみます。この1970年代から日米貿易摩擦はヒートアップしていきました。

1980年代になると、半導体、スーパーコンピュータ、核燃料サイクル、衛星やロケットなど、その先数十年間の競争力を決定するうえで最も重要だと考えられていた戦略的分野で日米の競争は激化しており、一部の製品では日本がアメリカを凌駕するようになったのです。

ただし1980年代前半、アメリカはそれ以前のデタントを修正し、いわゆる第二次冷戦期に突入していましたので、強い日本には存在意義がありました。その中でレーガンと中曽根康弘総理の「ロン・ヤス」関係も手伝い、両国関係は何とかマネージ（管理）されていたのです。

しかし、ソ連に対するアメリカの優位と冷戦勝利の可能性が見えだしてきた1980年代後半になり、日米の首脳が交代すると、日本を「最大の脅威」とみなす声が大きくなります。いわゆる「日本異質論」を唱える学者やオピニオンリーダーたちは、〝日本社会は西洋社会とは根本的に異質であり、少なくとも日本に対してはそれ以外の国に対するものとは異なるアプローチをとる必要がある〟、〝最悪の場合、両国は相互に有益なかたちで共存できない〟といった議論を展開しました。現在の米メディアに見られる嫌中感情に近いものがありますが、これについては第4章で詳しく述べます。

１９８０年代、アメリカは様々な日本製品に対して１００％の関税を課し、新世代技術の分野（半導体、スーパーコンピュータ、核燃料サイクル、衛星）で日本をその市場から締め出し、さらに「円の国際化」を阻止するなど、日本の経済的・技術的な影響力の拡大を抑え込もうとします。

しかし、その頃の日本はアメリカのそうした思惑や戦略をよく理解せず、右肩上がりの成長を自分たちの手腕によるものだと考える傾向が強かったと思います。日本のビジネスモデルを自画自賛し、日本は終身雇用だから社員が安心して会社に勤めることができるし、企業間の株式持ち合いも手伝い、企業経営者も目先の利益を追うのではなく、中長期的な利益を考えることができる、との議論です。それに対して、アメリカの資本主義経営者は投資家のほうを向いていて、クォータリー（四半期）ベースの目先の利益しか見ていない。だからアメリカ企業はダメなんだ、と言って胸を張っていました。

私が銀行員になった頃の「普通」の感覚がまさにそれでした。つまり日本経済と不動産価格は右肩上がりの成長を続けるので、無理な融資をしても、経済成長の生み出すキャッシュフローで融資返済はできるし、収益見通しが甘すぎたとしても（甘すぎたのですが）、担保価値が上昇するので、融資返済に猶予を与えれば、最終的には全て万々歳だと。

私が大学生の頃、アメリカ西海岸に留学したことはすでに話しましたが、その時に驚愕したことを覚えています。１９８０年代半ばですが、実際に目にしたアメリカは桁違いに豊かで、メディアなどの指摘していた斜陽大国にはとても思えませんでした。大正時代にアメリカ留学をした山本五十六元帥ほどのショックではないでしょうが、とても勝てる相手ではない、そう思ったものです。

そんなアメリカが日本叩きに走るようになっているのを見て、私は大学生の頃から頭の中で、１９３０年代との比較を続けるようになりました。１９８０年代後半になると、アメリカの日本叩きは急速に激化していきます。私は戦後の日本経済を支えてきたシステムが崩れる懸念を強めながら、銀行員生活を始めたのです。

冷戦後に失った有利なゲームのルール

そして、日本にとって決定的な瞬間がやってきます。冷戦の終結（1989年）とソ連の崩壊（1991年）です。

戦後最大の敵を葬り去ったアメリカには、これ以上、日本を「特別扱い」する理由がなくなりました。それどころか、アメリカの矛先は完全に日本へとシフトします。その前兆となる動きは、たとえば1985年のプラザ合意のように冷戦終結前からありました。実際、ドル高是正を目的とした協調介入を決めたプラザ合意により、日本の輸出関連産業は打撃を受けています。また輸出規制や日米構造協議など、日本経済の成長を封じ込めようとする政策は、いっそう露骨で悪質なものへと変わっていったのです。

アメリカは、地政学的な打算からこれまで下駄をはかせてきた「大きな政府」の時代の過去の遺物である日本を潰すつもりだったのです。日米構造協議は、基本的に、日本のビジネスの仕方（商慣行）や制度にまで手を突っ込んで、日本の強みを叩いていくというものでした。たとえば半導体協議の結果、日本は事実上、生産拠点を海外に移転するしか道は残されていなかったのです。

日本側の不満は、アメリカが常にゴールポストを動かすことでした。一つの協議で合意しても、アメリカは話を蒸し返して次々に要求を拡大するのです。しかしそれは、日本側が交渉の本質を見抜いていない証拠です。アメリカにとって協議で合意した数字や方法は物事の本質ではないのです。それはあくまで手段であって、狙いは日本経済を潰すことですから。

こういうたとえがわかりやすいかもしれません。抗癌剤治療を行う時、医者はどの量が最適なのか、完全にはわかりませんが、目標は癌の治療です。とりあえず何がしかの数字で始めた後、目標対比で投薬量を修正します。日本側はその時々の数字に応じようと必死なので、アメリカが数字を変えてくると、ゴールポストを動かしていると思うのですが、アメリカにすれば、癌治療という目標のための数字でしかないのです。

日本経済は１９９１年のバブル崩壊を経て、１９９７年の金融危機で正念場を迎えます。

米大統領からの「日本はこの銀行を潰せ」

冷戦終結後、アメリカにクリントン政権が誕生すると、日本潰しはさらに激化します。日本の戦後経済システムは新自由主義的理想とはかけ離れたものでしたので、ワシントン・コンセンサスや市場機能を振りかざして変革を迫りました。

これは当時の当局者から聞いた話ですが、金融危機が勃発すると、クリントン政権は、大統領名の書簡を大蔵省（現財務省）に送り、実名で金融機関を列挙しながら「これらの銀行は事実上、再建の余地がないから潰せ」と伝えてくるようなこともしていました。市場の淘汰に任せるべきだと。

しかし、当時の日本には預金保護や金融機関の処理に関する法律がありませんでした。「大きな政府」の時代、政財官の連携を巧みに使い、護送船団方式と奉加帳《ほうがちょう》方式でやってきたので、〝万が一〟の状況を想定していなかったのだと思います。

後年、当時を知る財務省幹部と話していた時、「齋藤さんは何で金融危機が起きると思ったの？」と聞かれました。「だって銀行処理の仕組みが全くないじゃないですか？　気がつかなかったんですか？」、と私。「結論から言うと、申し訳ない、気づかなかったとしか言いようがない」、との回答でした。アメリカから「潰せ、潰せ」と言われたから潰してみたら、信用危機を招いてパニックに陥ってしまった、というわけです。

そして大蔵省に対し、市場原理に基づいて銀行を潰せと迫ったローレンス・サマーズ財務副長官は、いったん日本で金融危機が起こると手のひらを返し、「金融危機を絶対に世界に波及させるな」と身勝手なことを言い放っていたそうです。

当時のアメリカは金融危機を日本で引き起こすことを狙ったのではないと思いますが、護送船団・奉加帳方式でやっていこうとする日本に対していら立ちが募っていたのと、しょせん他人事なので、深く考えていなかったのだと思います。

またロバート・ルービン財務長官が、ゴールドマン・サックスの共同会長出身であったこともあり、米金融機関からのロビー活動があったのも事実です。潰れた金融機関や破綻した企業のアセット（資産）を安値で買い取りたいという狙いがあったのでしょう。アメリカ財務省は自らをアメリカの金融機関の手先だと考えることに抵抗はあるでしょうが、アメリカの金融機関が日本のアセットを安値で買うのは「市場原理の結果」として割り切っていたのだと思います。

少し話が横にそれますが、「アメリカが深く考えていなかった」、または「偉そうに市場原理を掲げながら自らも認識を欠いていた」という証拠として指摘できるのが、リーマンショックを引き起こした事実です。時の財務長官は、ルービンと同じくゴールドマン出身のヘンリー・ポールソンでした。実際に、破綻させてみたら、「市場原理に基づいてリーマンの適正価格が発見され、市場が解決する」というメカニズムは発動せず、信用不安の津波連鎖となりました。そしてあれだけ日本を小ばかにしていたアメリカもまた、投資銀行を含んだノンバンク金融機関への公的資金枠組みがないことに気づかされます。ただ、リーマンショックから僅か1か月で緊急経済安定化法を成立させ、巨額の公的資金をぶち込んだことは見事でしたが。

話を戻すと、日本には不良債権処理システムがない一方、アメリカは潰せ潰せと責め立てる、この二つを足し算すると、「1＋1＝2」と同じように、金融危機になったのです。サマーズに引き立てられ、若くして財務次官補となったティモシー・ガイトナー（後に財務長官）と当時話していたとき、彼に「圧倒的に世界第2位の日本経済を潰したら、世界経済はどうなるんだ」と尋ねたことがあります。

彼の答えは意図的に曖昧《あいまい》でしたが、私なりに意訳すると、「しばらくはアジアのドラゴン（韓国や台湾などの新興国）で時間を稼いで、そのあとは中国がある」というものでした。

そして実際にその通りになりました。結果としてアメリカにいいように遊ばれてしまったような気がします。

「古いゲーム」に長けていた日本への敵意

アメリカの視点で言うと、1980年代後半から1990年代にかけて、関税や構造協議などを通じて日本経済の弱体化を図ることは自然であったと思います。

「小さな政府」、ルールベースをよしとする新自由主義に対する信認は、ソ連の崩壊で一気に高まり、制度や法律として整備されていく動きが1990年代になると加速していきます。市場原理の重視、規制緩和、民営化、財政支出の引き締め、ルールベースの通商政策……こういったものを通じてアメリカが「大きな政府」から「小さな政府」へとシフトしていく一方、日本は依然として政財官が緊密に意思疎通を図る「大きな政府」による保護政策を続けていたからです。

日本は「大きな政府」時代の「古いゲーム」をうまくやりすぎたために睨まれた、とも言えます。

ワシントンでは、冷戦終結によって政治的イデオロギーを競う時代は終わったと考えるようになりました。であるならば、政治介入の必要性は低下し、市場メカニズムを重視する「小さな政府」のほうがずっと効率的です。カーヴィルが掲げたスローガンの「何が重要？　経済でしょう！」しかり、クリントン大統領が1996年の一般教書演説で放った「大きな政府の時代は終わった」という宣言しかり、経済合理性を最優先で追求する時代に入っていたのです。

さらに西側陣営と東側陣営がまったく別々の経済・技術ネットワークを構築していた冷戦期は、有効資源の活用という点できわめて非生産的であるという考えのもと、クリントン政権は中国が西側システムに参入することを奨励しました。ここでの前提は、政治的イデオロギーで対立する時代は終わった（はず）なので、中国が「私たちの」システムに加盟すれば、「私たち」と同化していくだろうというものでした。

1990年代にアメリカがとったアジア四小龍（韓国、台湾、香港、シンガポール）への支援、そして中国の台頭を促す政策は、日本の相対的地位を低下させる戦略と表裏一体にあり、1990年代後半には、「ジャパンパッシング」と呼ばれた現象が示すように、日本以外のアジア諸国の発展を促進するものとなりました。第二次世界大戦後に冷戦が始まったときに日本にアメリカが提供した環境は、今度は彼らに提供されることになったのです。

かくしてアメリカは世界第2位の経済大国を没落させる一方、代替を探して世界経済を守ることに成功しました。

アメリカ経済に対する日本と中国の経済規模

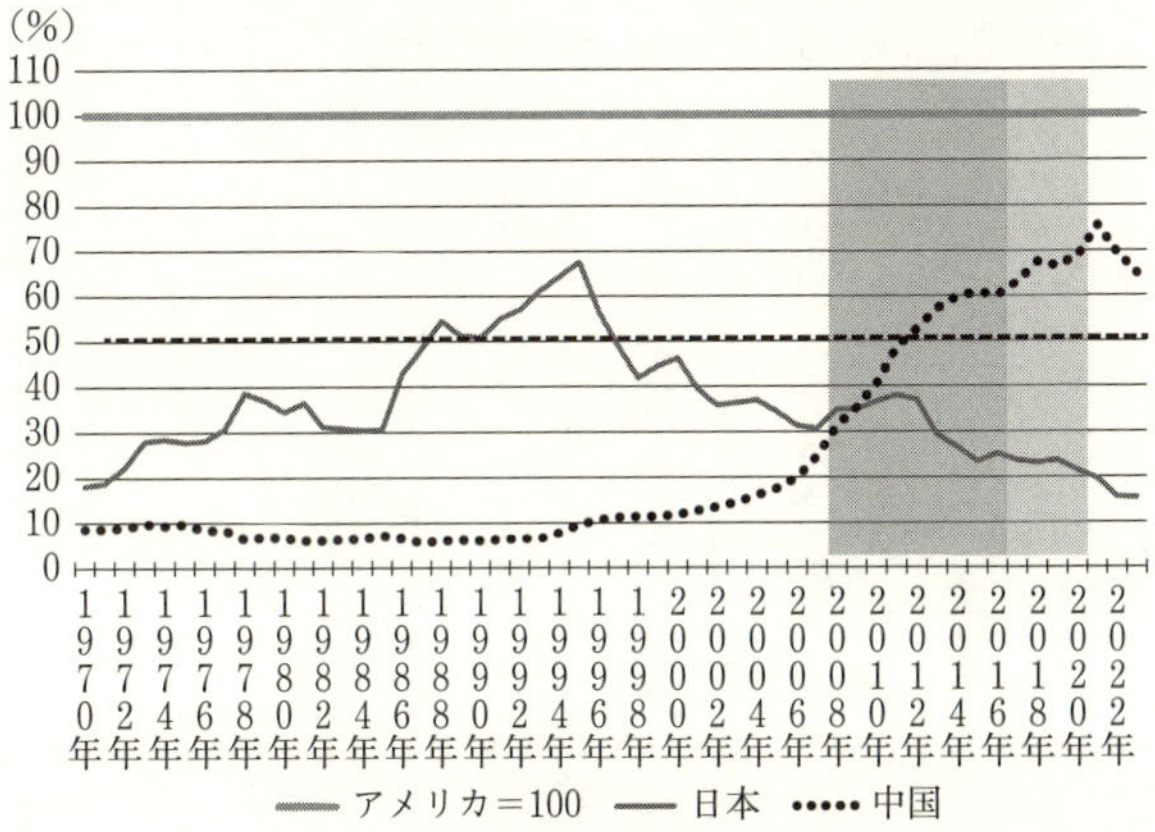

(出典：世界銀行、Current US Dollar ベース)

アメリカが態度を変える「二つの条件」

1980年代から1990年代にかけての日本の経験を吟味すると、次の二つの条件がともに満たされたとき、アメリカが容赦ない圧力をかけてくることがわかります。

①経済政策の基本的前提（世界観・統治観）をアメリカが大きく変化させる。

②競合国のGDPがアメリカの50%近くに迫る。

この「指標」は、今後の米中関係のゆくえを予想するうえでも貴重な視座を提供してくれます（上のチャート参照）。

まずは日米関係を見てみましょう。日本の対米経済摩擦はそのGDPがアメリカの約30%に近づいた時に激化し、1972年にまず繊維製品に関する協定が結ばれました。その後、時間の経過とともに、対立分野は鉄鋼、テレビ、自動車、ハイテク分野へと拡大していきます。

１９８０年代後半には、日本のＧＤＰがアメリカの50％に近づき、またそれを超えていく中、米政府は日本のコンピュータやその他製品に対して１００％の懲罰的関税を課しました。同時にアメリカは様々な手段で日本の半導体メーカー（ＮＥＣ、日立、富士通など）を締め上げ、こうした企業の従業員をスパイ容疑で逮捕したりもしています。対米外国投資委員会（ＣＦＩＵＳ）は日本企業による米ハイテク企業の買収を阻止し、日本製のスーパーコンピュータはアメリカ市場から締め出されることになりました。

１９９０年代半ばになると、日本のＧＤＰはアメリカの約70％を占めるまでになり、そのピークを迎えます。その後、日本は金融危機で大きなダメージを負い、アメリカが中国を含むアジア諸国の支援へと動いたことは、前述の通りです。

では、中国の場合はどうでしょう。

中国は１９９０年代半ば、世界経済システムに参加する準備を始めますが、その当時のＧＤＰはアメリカの約10％でした。その後、グローバルシステムの恩恵を受け、そのＧＤＰは２０００年代後半までにアメリカ経済の約30％になるまで急速に成長します。

このとき中国にとって幸いだったのは、世界金融危機とオバマ政権の対中「関与アプローチ」によって、日本が1980年代から1990年代に経験した強烈な締めつけを回避することができたことでした（オバマ政権はチャートの濃い灰色の部分）。

しかし、中国のGDPがアメリカの50％近くに達した2012年、オバマ政権は「東アジアへの回帰（Pivot to East Asia）」と呼ばれる政策変更を発表しています。頭の中ではその必要性をわかっているので、ピボットを宣言したわけですが、この政策変更はあまり実体を伴わないソフトなものでした。

その後、中国が2014年に南シナ海で大規模な人工島建設に着手すると、民主党の安全保障担当者たちは徐々に「関与アプローチ」から「競争アプローチ」へとシフトし始めます。2016年にはアメリカ主導のもと、12か国でTPP（環太平洋パートナーシップ）を締結しました（アメリカは2017年に離脱）が、狙いは経済関係と既存のビジネス慣行の強化を通じ、中国がこの地域で独自の秩序やルールを構築するのを防ぐことでした。

2017年にトランプ政権が誕生すると（チャートの薄い灰色の部分）、周知の通り、「競争アプローチ」の扉が全開となり、（当初の中国当局の期待とは裏腹に）両国の関係は悪化の一途を辿ることになりました。

米中関係については次章で改めて論じますが、日本の経験を鑑みると、中国はすでにアメリカからの容赦ない圧力を引き出す二つの基準を満たしています。それは、私たちが今、歴史の転換点を迎えていると考えるに足る根拠があることを意味しています。

「雇用」を切り捨てられなかった日本

ここまでは主に地政学的な観点からアメリカの日本潰しの過程を振り返りましたが、次に日本社会独自の問題点に焦点を当てたいと思います。私は日本が必ずしも「失われた30年」と呼ばれる長期停滞に陥る必要はなかったと考えています。私が致命的であったと考えるのは、1997年の金融危機後の対応です。

あのときに日本は終身雇用制度を捨てて、失業率10%でも15%でも受け入れ、その代わりに企業を身軽にするという選択をしておけばよかったのです。企業が身軽になれば、コストカット後の成長戦略を考えるようになりますから。

一時的には痛みを伴いますが、解雇された人材が新しい成長分野に回ることで、いずれ成長を後押しします。日本はアメリカのような切り捨て型の社会ではないとしても、政策当局に多様な人材がいれば、より大胆でクリエイティブな発想はできたと思います。しかし、私のいる業界とは真逆で、画一的な偏差値競争に勝ち残った東大法学部出の男性ばかりですから、難しかったのかもしれません。

たとえば、雇用調整プロセスを財政政策で徹底的に支えるという考え方はなかったのでしょうか。当時の政府の長期債務残高は300兆円程度でしたが、リーマンショックやコロナショックもあり、今では1100兆程度まで膨れ上がっています。リーマンショック前で見ると長期債務は550兆程度なので、差額の250兆程度のほとんどは金融危機後の対応としてダラダラ使い続けた結果だと言えます。

金融危機の後、たとえば100兆円の基金を準備し、失業者の生活の維持とリスキリング（学び直し）を実施していれば、コスト面でもずっと安かったかもしれません。当時の労働力人口が6000万超なので、10％の失業率ですと600万人、一人当たり500万を配ると30兆円、次の3年間に集中して雇用の再調整をするということもできたはずです。

しかし幸か不幸か、日本経済と企業には過去の蓄積があり、雇用を守って痛みを耐え忍ぶだけの余裕があったので、雇用を守りました。

逆に、幸か不幸か、雇用をカットせざるをえなかったのがお隣の韓国でした。日本の金融危機と同じタイミングでアジア通貨危機が起きたとき、日本のような富の蓄積と国内市場の規模がなかったため、韓国企業は雇用を守れませんでした。雇用を守れなかったがゆえに、新自由主義という荒波に身をさらし、ダーウィンの進化論よろしく、それに適応することに成功したのです。自国のみでこの危機を乗り切ることは無理だと判断した韓国政府は、構造改革に取り組むという条件を呑むことで、国際通貨基金（IMF）などの国際金融機関からの金融支援を取りつけます。

具体的には、たとえば、「ビッグディール」と呼ばれる財閥企業に対する改革が実施され、財閥間で重複している事業を整理・集約することで効率化を進めました。外資の市場参入障壁の撤廃などの規制緩和が進められ、企業では米国式コーポレートガバナンスが導入されます。銀行への公的資金導入に際して、国際基準（BIS規制）を満たしていない銀行の統廃合が政府主導で決定され、その一部は国有化を経て外資に売却されました。これらの構造改革は要するに、市場メカニズム、ルールベースの採用であり、結果的に韓国はアメリカにとっては望ましい新自由主義システムの「優等生」になったのです。

戦後の奇跡が災いに

戦後の日本経済の舵取りは「官」が担ってきました。大蔵省（現財務省）が政府と民間のマネーを管理し、通産省（現経済産業省）が海外の状況を調べて、どの産業に力を入れれば日本はキャッチアップできるかを判断し、人や企業をそちらへと導く――。そのようにして、官主導でここなら勝てるといった分野へカネ、ヒト、モノを投入してきたわけです。同時に冷戦という外部環境があり、終身雇用のもとで額に汗して一生懸命働く国民がいて、戦後の奇跡と呼ばれる経済成長が発生しました。

あまりにこのシステムが上手くいっていたことが災いしたのでしょう。戦後の焼け野原からの復興のために、皆が色々とアイディアを出し、新しいことにチャレンジした時代が終わり、システムがエスカレーター型に機能するようになると、時の流れと共にシステムが硬直化してしまい、耐震構造でいう揺れが小さくなり続けました。私たちはそれを「安定」だと錯覚したのです。

先ほど、日本が自画自賛したビジネスモデルの話をしましたが、終身雇用制度も株式の持ち合い制度も、基本的には「安定」した労働・経営環境を作ることに貢献しました。しかし、終身雇用と裏腹の関係にある年功序列制度にしても、企業間の株式の持ち合いにしても、社内・社外での競争を抑制することで既存システムの安定と維持を優先するものです。このビジネスモデルは、戦後の冷戦下で与えられた下駄を履き続けることができるという前提があれば機能しますが、世界がより自由な競争環境に入ればむしろマイナスでしかありません。

先にトランプ現象は早期警戒警報の発動だと述べましたが、アメリカは常にシステムが右に左に振れ、喧々諤々の社会ですが、それは柔軟性の裏返しでもあります。

日本の場合、あまりにも上手くいっていたシステムが急激に機能障害を起こした時、政財官の指導者たちは新しい成長モデルを打ち出すことができませんでした。実際、彼らは何が起こったのかを、本当の意味で理解することができていなかったと思います。武藤元事務次官が今になっても、「我々は何を間違えたのか」を自問していることはすでに書きました。実際、大蔵省は、「何となく」金融危機を引き起こしてしまいましたし、通産省で言えば、日米協議でアメリカがゴールポストを動かすと文句をぶちまけていましたが、それが本質ではないことは前述した通りです。

そして、終身雇用という日本の強みがここにきて「弱み」に転じます。

市場原理に従うなら、バブル入社組のクビをどんどん切ってもよかったわけです。実際、アメリカならそうします。危機が起きると、彼らは「何が自分たちのコアビジネスか」を考えます。何が最も重要な核心的なビジネスなのか、何が経営に余裕のあったときに始めたビジネスなのかを考えて、コアの部分に会社の資源と必要な人を集め、そこ以外はいったん閉じて損切りをします。そこには大混乱が発生しますが、組織も人も新陳代謝が進み、力強い成長力を取り戻せるのです。

しかし、日本にはそれができませんでした。

「リストラは恥」と考えた日本人

企業がモノやサービスを提供する時、そこには様々なコストが発生しますが、それを総称してインプットコスト、またはインプットプライスと呼びます。先進国の場合、人件費が最大のインプットコストなので、人件費を削減すると、モノとサービスの販売価格(アウトプットプライス)は下落します。

ものすごく単純なたとえで説明すると、10人の労働者がいる会社が経営危機に陥ったとします。アメリカの場合、この10人のうちの1人をクビにして、残りの9名の賃金は維持します。この場合、失業率は10%になるわけですが、この企業のインプットプライスとアウトプットプライスのバランスが適正化したので、生き残った9人の賃金は従来通りに上昇し続けます。

またこの企業は損切りが済んでいるので、新しい成長局面に入ると、新たに人を雇いますが、その社員の給料も同じように上昇を続けます。最大のインプットプライスが上昇しているので、この会社の提供するアウトプットプライスも上昇を続けます。

日本の場合はどうかというと、全員が10％の賃金カットを受け入れる代わりに誰のクビも切らない、失業率を上げない、というかたちをとろうとしたのです。しかしこの企業は損切りが済んでいないので、新しい成長局面に入ることができません。その一方、毎年全員が10％の賃金カットを受け入れているので、毎年アウトプットプライスも下落し続けます。その結果として日本は長期にわたるデフレ、ないしはディスインフレに陥りました（第5章、202ページにグラフあり）。

不良債権問題は最終的に、2001年に首相に就いた小泉純一郎と竹中平蔵（経済財政政策担当大臣）のコンビが解決しましたが、外から見ていて興味深かったのは、マスコミやインテリがこの二人に対して、彼らの政策は「勝者と敗者を分ける新自由主義的なものだからよくない」と批判を浴びせていた点です。また小泉・竹中改革では、当時、「非正規」の問題も槍玉に上がりました。日本では、新自由主義とセットで「新自由主義を推し進める彼らのせいで非正規雇用が増えた」と識者たちから非難されました。

マクロ経済の視点で見ると、こうした批判は感情論の側面が強く、最終的に社会全体を沈没させるリスクを持つものです。極端な例で言えば、口減らしが必要となった村で、姥《うば》捨《す》てを選ぶのか、皆でやせ細るのか、ということです。

先ほど韓国との比較で指摘したように、日本は非常に豊かな村であったので、後者の選択をしても、当分は死なないという安心感がありました。また翌年豊作になれば、誰も死なずに済むという期待を持つこともできます。これが不良債権処理や雇用調整を先送りする理由です。しかし翌年も、その次の年も凶作が続けば、村人全員がやせ細り、村の活力は低下します。

しかも世界は新自由主義を受け入れた競争時代に入っていたのです。2001年には当時13億の人口と安価な労働力を提供する中国もWTOに正式加盟していました。世界競争が激化する中、日本企業は国内に不良資産化した労働者を抱えながらの片翼飛行を強いられました。

活力が低下した村では稼げないので、村人は別の村に出稼ぎに行きます。そのことは日本からの海外直接投資が2000年代半ば以降、顕著に伸びていることで確認できます（第5章の208ページにグラフあり）。

いずれにせよ、戦後経済があまりに上手くいき、終身雇用が正常だというバイアスが社会に根付いてしまったために、クビを切られることが人格や人生を否定されることと同義になってしまっていたのだと思います。職を失うということは単なる経済問題でなく「社会的な恥」であり、人生の敗者であるかのように受けとめる風潮であったので、メディアや有識者による小泉・竹中批判は説得力を持ったのでしょう。

また正規雇用のポジションを維持できれば、物価上昇率がマイナスの時に定期昇給で毎年1・6%程度の賃上げがあるので、勝ち組でいることができます。新自由主義の下で他の国の経済がダイナミックに動く中、雇用を守るという社会的要請により、日本の「勝ち組」はじっと我慢をして守備に徹することになりました。これでは経済が活性化しないのは当然です。

夢と消えた経済成長の期待

バブル崩壊前の1980年代、日本の名目GDP成長率は6%近くありました。もしこの名目GDP6%成長が生み出すキャッシュフローが継続していれば、当時作られた生産設備と雇用された労働者は「不良資産化」することはなかったでしょう。ここでいう名目

日本の名目GDP成長率

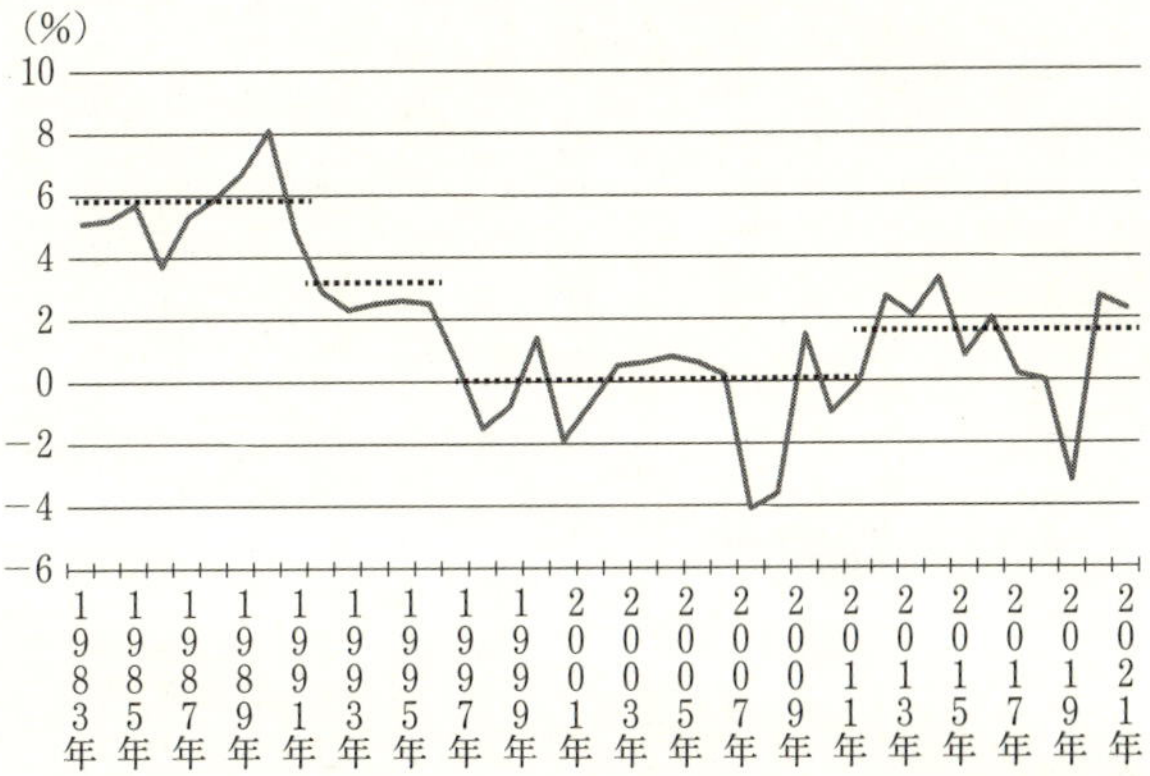

(出典：内閣府)

GDPはあくまでイメージの話として、毎年経済が生み出すアディショナルの部分、つまり新たに入ってくるお金として考えて下さい。

しかし、日本経済はバブル崩壊を受けて、名目GDPで見たキャッシュフローは半減し、固定資産と人的資産への投資が不良化します。

上の名目GDP成長率のグラフに入れた点線は四つの時期の単純な平均を表したもので、それぞれが、①1980年代のバブル崩壊前、②1991年のバブル崩壊後から1997年の金融危機前、③金融危機からアベノミクス開始前までの停滞期、④アベノミクス以降、を示しています。

日本はバブル崩壊後、資産評価に手心を加え、護送船団・奉加帳方式などを採ることで時間を稼ぎ、その後の経済回復で不良債権問題を解決できると期待しました。評価に手心を加えるアプローチ全てが悪いのではありません。英語ではForbearanceと言いますが、アメリカの当局者もしばしばこのアプローチを使います。経済が過去の成長パスに戻るのであれば、一時的に返済を猶予しても、時間が解決してくれるので、杓子定規に清算処理をする必要はありませんし、それはむしろ非生産的です。

しかしアメリカが日本経済を締め上げる手を緩めない以上、経済成長がもとの軌道に戻る可能性は低かったですし、実際に戻りませんでした。当時はある時点で「ここが底値」と見なされた資産であっても、キャッシュフローの見通しが低下し続けたために、底値は「逃げ水」状態となり、以前は正常カテゴリーに分類されていた資産が不良債権カテゴリーへと移行し続けるという状況に陥ってしまいました。

このようにして、バブル崩壊後の「失われた数十年」が始まったわけです。日本は経済効率を犠牲にして雇用の維持を図ることにしたのです。

デフレを自ら選んだ日本人

経済効率を犠牲にして雇用を守ったことは、失業率の上昇が穏やかなものに止まったこ

日本の失業率

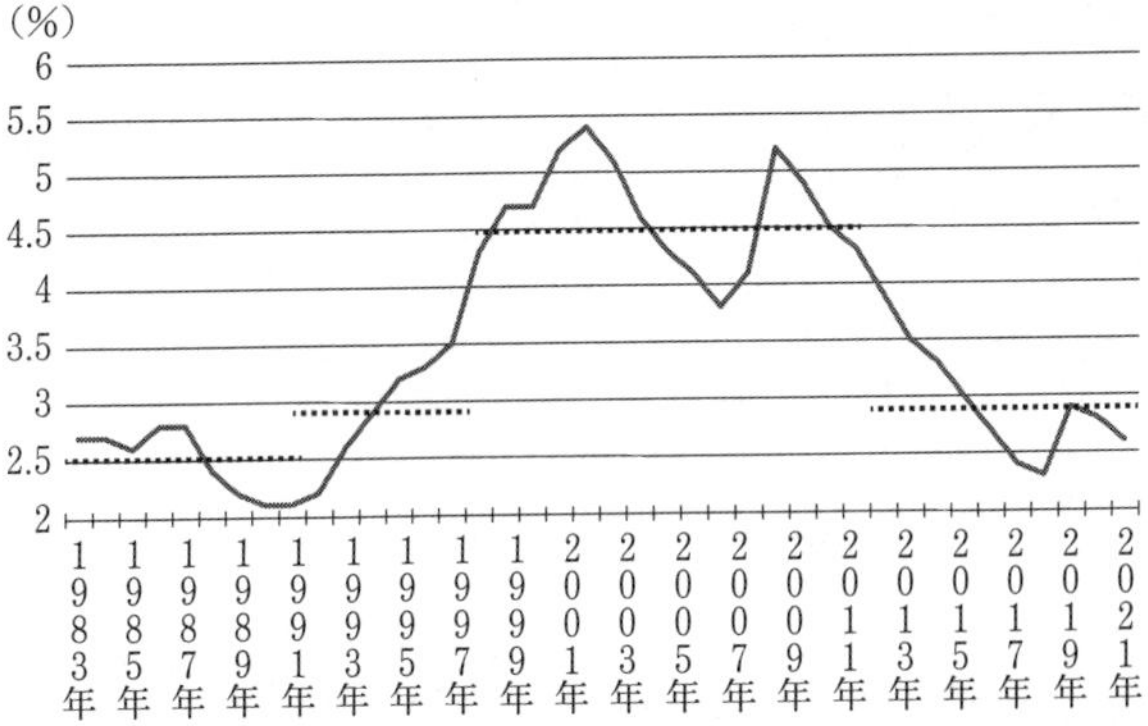

(出典：統計局)

とが示しています。参考に上記のチャートをご覧いただければと思います。点線は、前述の四つの時期における平均失業率を示しています。アメリカの場合、リーマンショック後の失業率は10％に達し、コロナ後はほぼ15％に達しています。

賃金と経済効率を犠牲にして、既存雇用を守るという社会の選択は、デフレの選択と同義です。最大のインプットコストである賃金のカットを皆で受け入れれば、デフレになります。経済効率を犠牲にすれば、将来の成長見通しが悪化するので、デフレマインドをさらに強化されるのは不可避です。これは1＋1＝2の世界の話ですので、日本人はデフレを、つまり「失われた30年」を選択したと言えます。

よく海外投資家は、「日本の政治家が補助金を垂れ流してゾンビ企業を維持しているから日本の経済に活力がないのだ」、そう指摘します。おっしゃる通りです。

しかし政治家が財政政策を使って地方のゾンビ企業を援助している理由は、雇用を守るためであり、有権者から選ばれた国会議員として、社会的要請に応えているだけだとも言えます。不良債権処理を遅らせ、地方の中小企業のほとんどが法人税を支払わない環境を作り、日銀もゼロ金利を続け、皆で頑張って社会の優先事項を果たそうと努力し続けた成果こそが、日本の誇るべき「失われた30年」なのです。

人口動態が悪化しているからデフレになる、という議論がよくありますが、それは間違っていると思います。人口動態の見通しはその局面により、デフレ要因にもインフレ要因にもなり得ます。これは第5章でより詳しく述べますが、人口動態がデフレ圧力になるのは、将来の成長見通しを悪化させる場合です。日本は社会として雇用維持を選択し、将来の経済成長見通しを捨てたので、それに上乗せする形で人口動態がデフレ圧力になったのだと思います。

企業にすれば、世界が新自由主義のもとで競い合う中、是が非でも雇用を守れと言われれば、経済効率が悪いので、日本には新しい設備投資も人的投資もしなくなります。すると成長見通しはさらに低下します。そしてその上に人口動態も悪化の一途を辿るので、ますますそんな国には投資はできないという負のスパイラルに陥ってしまいました。

小泉・竹中コンビが新自由主義的な不良債権処理や非正規雇用導入をしたから日本経済がおかしくなったのではありません。日本は新自由主義的な経済政策など導入していません（このポイントは第5章で詳しく説明します）。

世界が新自由主義的な競争体制に移行する中、あえて逆張りして、チャーチルの言う、「悲惨の平等な分配」を選んだ結果が「失われた30年」です。

しかしこの日本を苦しめてきた新自由主義は終わりを迎えており、日本はその軛《くびき》から解放されようとしています。強い日本の復活については第5章で詳しくご説明します。

第4章　中国は投資対象ではなくなった

ワシントンから中国が消えた

ワシントンにいると、米中関係がここ数年で劇的に様変わりしたことがよくわかります。今世界が大きな転換点を迎えていることを象徴する出来事として、まずそのことからお話ししたいと思います。

わかりやすい例から始めると、まず、アメリカのロビイング会社の多くが中国からの依頼を引き受けなくなりました。米中貿易が政治的リスクとは無縁で「新冷戦」などという言葉が普及していなかった頃は、大金を持ってやってくる中国のお客さんを大手ロビイング会社や中国と太いパイプをもつロビイスト（その典型が元駐中国大使や元政府高官）が必死に取り合っていました。

それが今では、どんなに金を積まれても引き受けられない、という態度に変わりました。なぜかと言えば、彼らはレピュテーション（評判）リスクが怖いのです。これだけ米中対立が尖鋭化し、超党派で中国批判が高まる中、政治家から「あいつらは中国の手先だ」などと名指しで糾弾されたら、それこそ会社の存続や今後のキャリアにとって致命的なイメージダウンとなりかねません。

また、これは米財務省の幹部から聞いた話ですが、カウンターパート（中国側担当者）

とのコミュニケーションが減っているうえ、やりづらくなっているそうです。同じ話を日本の財務省や日銀の人たちからも聞きましたが、たとえば、以前のように英語で直接やりとりするのではなく、中国語で通訳を介したコミュニケーションが今では常態化しているといいます。

なぜか？　国家安全部などのお目付け役が帯同するようになったため、中国語で話をすることを強いられているというのです。会話内容をチェックする中国共産党上層部には英語が不得手な人もいるため、英文ではなく中国語の記録が必要だという内輪の論理です。いかに中国で監視強化が進んでいるかを如実に示すエピソードと言えます。

新冷戦が続く中、米中間の旅客機の往来もコロナ以前の水準を70％も下回った状態が続いていますし、私の会社の同僚の中国人と話していると、ワシントンのダレス国際空港では中国からの入国者はイスラム圏からの入国者と同じように長時間の特別検査と嫌がらせに晒されることが頻繁にあるといいます。

仕事がなくなった中国投資担当者

投資業界でも、米中のデカップリングはものすごい勢いで進んでいます。それは、何よりも中国関連の投資資金の引き揚げに顕著に現われています。大手ヘッジファンドでも中国に投資する人たちが急速に減っていますし、それは不可逆的な動きだと思います。

彼らと話していると、どんなリスクがあるのかもわからないので、何もする気にならないといいます。投資先を探そうと中国へ行っても、本音の話は聞けないし、それどころか反スパイ法によって無差別的に捕まるリスクがあるのであれば、投資をするにはどうしても躊躇します。

中国経済が黄金期であれば、それでも何とかしようと思うのかもしれませんが、今の中国経済にそれだけのリスクをとる価値があるのかというと、かなり疑問でしょう。私が銀行を辞めると言い出した時、「君が中から銀行を変えてくれ」、そう上司に言われた話をしましたが、私にとっては当時の銀行がそれだけの価値のある場所には思えませんでした。ヘッジファンドが中国を見る目にも似たものを感じます。

実際、私の会社の中国担当者も「開店休業」状態になることがしばしばです。最近は中国政府が大型経済対策を打つという観測から問い合わせも増えていますが、それでもその理由は必ずしも中国への投資の関心ではなく、中国経済が回復することで、原油などの資源価格にどのような影響があるのか、そうした質問が大半です。

同じように、アメリカの政策に対する中国の反応に関する質問はありますが、これも中国の金融市場がどうなるという視点よりも、米中競争の激化で関税の掛け合いになる場合の世界経済への影響が投資家の知りたいポイントです。南シナ海の領有権問題や台湾に関しても、それが国際金融市場を揺るがす可能性があるのでモニターしています。

つまり中国への投資をマネージするための関心は薄く、中国リスクがどのようにその他の資産クラスに影響を与えるのか、それが関心なので、どうしても二義的な話になります。この状態を指し、ある大手ヘッジファンドのオーナーは、「投資家にとって中国は単なる観光地になった」と評していました。つまり投資対象ではないということです。

ちなみにオブザーバトリーの中国担当はこの狭い業界では高い評価を受けており、2024年ドイツで開催されたブンデスバンク主催の中国金融関連のセミナーにゲストスピーカーの一人として出席しています。これまでは中国人民銀行の幹部が出席していたのですが、前述した理由から、公の場での発言が中国国内でどのように解釈されるのかわからないので、怖がって出席を断っているからだそうです。

このままだと、10年後には中国投資のノウハウを持つ人は激減するでしょう。日本を見ても、バブル崩壊後、特に新自由主義の花開いた2000年代になると、中国を始めとしたより美味しい投資先が続々と出てきたので、相手にされなくなりました。海外の金融機関の日本担当ポストは激減し、〝絶滅危惧種〟扱いされる始末です。

それが今では日銀が金利の正常化を始めたことで、日本国債のトレーダーが引く手あまたになっていると聞くことがあります。日本国債をトレードするノウハウがないので、生き残った経験者には希少価値が出ているようです。

2021年まで楽観的だった米投資家

こうした対中投資のリスクや米中デカップリングの見通しは、今でこそ違和感なく聞こえるかもしれませんが、私が2021年前半に顧客向けのレポートで米中対立の不可避性とアメリカの優位性について書いたときには、中国に対して「厳しすぎる」、「悲観的すぎる」といった反応が少なくありませんでした。

とくに、中国は1990年代の日本と同じ道をたどっている、という見方を披露した「日本の経験」というタイトルを冠したレポートには、中国の顧客から「日本と中国は違う」、「中国は日本のようにずるずると不良債権問題を先送りしたりしない」といったクレームが多数寄せられました。

さらに、顧客の一つであり、当時世界最大のヘッジファンド、ブリッジウォーターの創業者のレイ・ダリオが私のレポートに対して不快感を表明しているという話も聞こえてきました。１２００億ドルの運用資産を有していたブリッジウォーターは、「衰退期にあるアメリカを中国は凌駕する」と信じて疑わないレイの指示で巨額の資金を中国に投じていました。レイの目となり耳となって動いている同社幹部との議論の中で、私は中国がアメリカに勝てない理由を何度となく説明しました。

このとき私が強調したのは、覇権国家（アメリカ）とそれに下駄をはかせてもらって経済成長している国家（中国）の違いです。カジノのオーナーは好きにルール変更をすることができるので、圧倒的に優位であることは、日本の経験から明らかでした。

しかし当時、日本の衰退は日本独自のものであり、その経験から学ぶものはない、それが金融業界の支配的な空気だったと思います。実際、うちの社内の人間にも、「もう少しトーンを下げたほうがいいんじゃないか」といった意見を持つ者もいました。私のレポートに不快感を持った中国の顧客を失うリスクを恐れたのと、天下のレイ・ダリオや、世界最大規模の資産運用会社であるブラックロックが中国に強気な姿勢を維持する中、中国が日本化するイメージを描けなかったのでしょう。ちなみに、ブラックロックもオブザーバトリー・グループの顧客です。

しかし私は既存システムが崩れていく中、新自由主義の恩恵を最大限に享受した中国が無傷でいられるはずがない、そう信じていました。2001年にWTOに加盟して以来、中国は国際化の恩恵を受け、それが半永久的に続く前提でビジネスモデルを構築しました。日本が戦後の冷戦構造が半永久的に続く前提でビジネスモデルを作ったのと同じです。しかしその前提が崩れれば、全ては逆流します。

結果的にブリッジウォーターとブラックロックは中国投資で大きな損失を被っています。この失敗はレイが翌2022年に経営の第一線から退く理由の一つとなりました。彼は2024年5月26日付日経新聞のインタビュー記事で、中国経済に対する見方を転換したことを明かし、次のようにコメントしています。

「中国は今後百年間続く嵐に突入しつつある。日本がバブル経済崩壊後、景気が回復するまでに何十年もかかったように、試練が続くだろう」

対中投資の先頭を走ってきたレイ・ダリオの楽観論から悲観論への「転向」は、潮目の劇的な変化を象徴する出来事といえるでしょう。

習近平指導部も、右手で反スパイ法などの国家安全保障政策を振りかざしつつ、左手で外資歓迎としていますが、それに乗る投資家は少ないと思います。投資家の世界では、初めて騙された場合は、（騙した相手に対して）「恥を知れ（Shame on you）」と言いますが、二度騙されたら「己を恥じよ／情けない（Shame on me）」です。二度目なら騙された方が悪い、ということです。２０２４年2月に中国国家外貨管理局が発表した国際収支によると、２０２３年の対中直接投資は３３０億ドル（約5兆円）で前年から8割強減少しています。ピークだった21年（３４４０億ドル）の１割弱にまで落ち込みました。好転する兆しの見えない米中関係や中国経済の停滞、そして反スパイ法などのリスクがある限り、この流れ自体は不可逆的なものだと思います。

完全に外れたアメリカの目論見

今ではすっかり「新冷戦」が米中関係を議論するうえでの大前提となっていますが、もともとアメリカは中国の将来について今では想像できないほど楽観的でした。

２００１年に中国をＷＴＯに組み入れたとき、アメリカ政府は――他の先進主要国も多かれ少なかれそうでしたが――中国が民主主義国家へと移行するのは時間の問題だと考えたのです。ソ連が崩壊したことで、共産主義は信認を失ったと信じたのがその主因です。

そして、経済発展がある段階に達すれば、人々は民主的な選挙を求めるようになる、中国と通商相手国の経済的相互依存の度合いが深まるほど軍事紛争が起きる可能性も低下していく、そうした見立てが主流となりました。

新自由主義の世界観に立脚した、中国のグローバルシステムへの参加を促すこうしたスタンスは、「関与アプローチ」と呼ばれてきました。しかし、現実を見ると、習近平主席は独裁色を強め、周辺諸国に対して武力での現状変更を強い、今ではアメリカの覇権に挑戦するようになっています。

9・11米同時多発テロ以降、アメリカの安全保障上の関心は、アフガニスタン戦争とイラク戦争でした。政府と国民の関心、そして莫大なリソース（資源）がこれらに割かれたのが、2000年代のアメリカでした。

アメリカの眼が中東・中央アジアに注がれていたときに、新自由主義の恩恵を最も享受し、外交・安全保障分野でやりたい放題だったのが中国です。オバマ政権の末期には、さすがに「中国は私たちのようになる」という期待はしぼみ、「関与アプローチ」に対する批判の声が大きくなってきました。両国間の経済的な結びつきにもかかわらず、政府当局者にデカップリングの必要性を認識させるような事案が増え続けました。

たとえば、２００８年から２０１１年までだけで、スパイ行為の容疑で中国人60人がアメリカ当局に起訴されています。２０１３年に中国が「一帯一路構想」を発表したとき、アメリカの対中タカ派はこの構想を「トロイの木馬」に見立て、中国が世界中でその経済的影響力と地政学的地位を強化するために利用しようとしていると批判しました。

２０１０年代半ばになると、中国が南シナ海に人工島を建設して軍事要塞化し、太平洋のシーレーンの安全を脅かすような動きをしたことで対中タカ派の懸念は一気に高まりました。さらに２０１５年になると、中国のハッカーが米連邦政府の人事管理局（ＯＰＭ）に侵入し、２０００万人以上の米政府職員の記録を入手したことが明らかになり、アメリカ史上最大級のデータ漏洩事件として大きな注目を集めました。

〝中国にいいとこどりされた〟という後悔

米中貿易に関しても、アメリカ国民は中国に〝いいとこどり〟ばかりされてきたと被害者意識のような感覚を持っています。自国への輸入は管理しておきながら、アメリカへは大量に輸出し、貿易黒字を稼いでいるのは許せない、と。その感情に火をつけたのがトランプでした。

2016年の選挙戦ですでに彼は、「中国がアメリカをレイプしている。それが彼らのやっていることだ。これは世界史上最大級の盗みだ」と中国を糾弾しています。彼らしい過激な言葉ですが、当時、こうしたレトリックはブルーカラーの心に強く響きました。

そのトランプが大統領になったのです。そのとき、私はトランプ現象が新自由主義の終わりの始まりだと直感しました。新自由主義の最大の恩恵を受けた二つのグループがグローバリストとデジタリストです。そしてグローバリズムの持つ悪の象徴が中国なのです。グローバリストに任せていたら、アメリカを脅かす怪物を作ってしまったというわけです。

もう一つの怪物はGAFAMに代表されるIT企業です。一昔前、「GMは国家なり」という言葉がありましたが、日本のトヨタ自動車同様、GMは雇用を生み出しましたし、法人税も多く払いました。しかしGAFAMになると、雇用はしないわ、税金は払わないわ、プラットフォーマーとその周辺だけが大儲けをするビジネスモデルです。

特に「トランプ1.0」以降、ワシントンでは民主党と共和党の議論が全く嚙み合わない状況が続いていますが、超党派の支持を得て両党が団結するのは、中国叩きとGAFAM叩きです。ただ中国は外の怪物なのに対し、GAFAMはアメリカの、つまり「私たちの」怪物ですので、当然、より強い矛先が中国に向かいます。

アメリカには1990年代、日本経済をうまく壊滅させた経験があるので、中国経済をどう潰すのかということについてもすでにテキストブックがあります。そこで日本に対して行ったように、まず通商で仕掛けていきます。中国産の製品に関税をかけると同時に、アメリカ産の何をいくら買えと相手に要求します。すると、（日本もそうでしたが）そうか買えばいいのか、では、これだけ買いますよと中国は応じることになります。小麦でもコーンでも航空機でも買いますよ、貿易収支の不均衡を是正したいというアメリカの政治家たちの立場はわかります、と。

次にアメリカが要求してくるのが「構造改革」です。1980年代の後半以降、日本はアメリカの要求する構造改革を受け入れました。日米構造協議に応じ、自らの優位性をひとつひとつ潰していったのです。

しかし、中国にそれはできません。構造改革を要求され、それを許したら、共産主義体制の存続にかかわってしまうからです。実際、トランプ政権時代の米中貿易戦争において、（中国はこれこれの物を買うという）通商協議はまとまりました。習近平もそこまでは折れたのです。しかしUSTR（米通商代表部）のロバート・ライトハイザー代表が軸足を構造協議に移そうとした瞬間、中国の劉鶴副首相は交渉を打ち切りました。習近平にとって、共産党独裁体制を揺るがすことになりかねない構造改革は受け入れられないものでした。

アメリカは当然、中国に対する締めつけを厳しくしていきます。たとえば、2019年の中国の通信機器大手、ファーウェイ（華為技術）に対する事実上の輸出禁止措置です。トランプ政権がこの決定をしたとき、自由貿易の観点から「これはやりすぎだ」という反対の声も上がりましたが、今では誰も非難する人はいません。しかし、普通に考えたらこれはWTO違反です。確かに、WTOには「国家安全保障」に関わる免責条項がありますが、これをWTOの裏書人であるアメリカが恣意的に乱用したら、WTOは機能停止してしまいます。

これこそまさに、覇権国であるアメリカが、「カジノのオーナーとしてルールを好きなように変更する」、そのわかりやすい例です。

トランプの対中政策

バイデン政権が誕生したとき、多くの市場関係者は、トランプ時代の対中政策の多くが廃止されるだろうと考えていました。その理由は二つあると思います。

一つは、市場参加者は新自由主義が信認を失ったことを理解していなかった点です。この30年、彼らは新自由主義の下で育ち、そこでお金を儲け、その価値観をより民主的でより平等なものだと信じてきたので、トランプの政策が腹落ちしなかったのだと思います。

トランプは平然とルールベースの国際通商フレームワークを破り、国際協調を乱し、あろうことか新自由主義の司祭であるFRB議長を公然と批判し、利下げを要求したのです。つまりトランプは例外的な異常現象なので、バイデンになれば、対中政策や中央銀行の独立を含め、元に戻るはずだと彼らは考えました。

もう一つは、トランプ政権にはしっかりと熟慮した対中政策があったのですが、それが見えにくかった点です。トランプ政権は一貫した対中戦略を持っていないと繰り返し批判されてきましたが、実際には省庁間の調整プロセスを経た上で、かなり明確な戦略を持っていました。

「インド太平洋のための米国の戦略的枠組み（U.S. Strategic Framework for the Indo-Pacific）」と呼ばれる文書がトランプ政権の最後に機密解除されています。機密解除したのは、政権で対中政策を練ったプロたちの意地だと思います。自分たちは緻密な戦略を持っていたことを知ってほしかったのでしょう。

この文書を読むと、政権のアプローチとして、①貿易戦争、②戦略的資源（ハイテク製品、天然資源など）の中国依存の低下、③中国に対する米国の「イノベーション優位性」の維持、④地域パートナーの対中国の経済・防衛能力強化、⑤米日豪印による安全保障対話の枠組み「QUAD（クアッド）」強化、⑥アジア同盟諸国への技術支援を拡大し、中国の「一帯一路イニシアチブ」に対抗する、などを包括的に進めることを狙っていたことがわかります。

問題は、トランプがこうした戦略を粛々と追求するのに必要な自己規律を欠いていたことです。トランプはアドリブをきかせ、自分の言葉で語ることが好きなタイプですが、話は二転三転するし、訳のわからないことを言い出すので、まともな戦略があるように見えなかったのです。しかしこの戦略をまとめたのは極めて常識的な、ワシントンでは主流派の外交政策の専門家たちです。

トランプ政権の早い時期に国家安全保障問題担当補佐官を務めたH・R・マクマスター（元陸軍中将）が省庁間のプロセスを通じて包括的な戦略を策定するよう命令し、マット・ポッティンジャーが主体となって作成しました。ポッティンジャーはその後、国家安全保障問題担当副補佐官に昇格しています。

マクマスターは米国の安全保障政策を巡り、当時、大統領上級顧問であったスティーブ・バノン（第1章で紹介した、「ブライトバート・ニュース」の元運営者）とバトルを繰り広げました。バノンは新自由主義の目指す超国家的なグローバル市民を嫌悪し、トランプ支持者の心を摑みましたが、外交や安全保障という「プロ」の分野にもそれを浸透させようとして、マクマスターと権力闘争を繰り広げます。結局、マクマスターは、この分野では素人で、ポピュリストのバノンを国家安全保障会議（NSC）から追い出し、アメリカの安全保障政策がかき乱されることを防いでいます。

ちなみにマクマスターは安倍政権で初代国家安全保障局長を務めた谷内《やち》正太郎とも非常に近く、緊密な連携を取っていました。

バイデン政権は基本的にこのマクマスター・ポッティンジャー戦略を踏襲しています。マクマスター、その次の次に国家安全保障問題担当補佐官を務めたロバート・オブライエン、ポッティンジャーなどは、バイデン政権で対中政策を担うアントニー・ブリンケン国務長官、ジェイク・サリバン国家安全保障問題担当補佐官、アジアに精通したジャパン・ハンドであるカート・キャンベル国務副長官と同じ言語を話すプロフェッショナルです。

党派の違いこそあれ、アメリカの国家安全保障の観点から中国を抑え込むシステムをプロに作らせれば、基本的には似た内容になるでしょう。もちろん、政権によって重視するポイントやニュアンスは異なると思います。たとえば、バイデン政権は新疆ウイグル自治区での中国共産党によるウイグル族への扱いをジェノサイド（集団虐殺）と宣言しています。これは人権問題により感応度の高い民主党政権らしい重視ポイントです。

しかし根幹的なアプローチにはそれほど大きな差は出ません。実際、2019年、後に誕生するバイデン政権で安全保障問題担当補佐官になるサリバンと、国務副長官になるキャンベルは共同論文を書いています。彼らは、トランプ政権が中国を「戦略的競争相手国」と位置づけたことは「正しい」と明言し、元上司（オバマ）の中国政策に対する後悔の念を行間にちりばめつつ、「中国関与政策の時代は静かに幕を閉じた」と綴っています。

アメリカ人が考える「勝算」

アメリカの政府当局は、長期的なマラソン競争になればアメリカが勝つと信じています。

その一つの理由は人口動態です。中国の人口の伸びは既にピークアウトしましたが、一人っ子政策の影響もあり、将来的には日本よりも恐ろしいペースで高齢化が進みます。また人口のパイそのものが大きいことから、高齢者人口が急速に増えています。65歳以上を高齢者と定義すると、すでに世界の高齢者の24％程度、つまり4人に1人は中国人です。

ここで問題となるのが、「未富先老（豊かになる前に老いる）」と言われる途上国型経済を脱し切っていない点です。高齢社会に移行した段階として比較すると、日本の一人当たりの名目GDPは4万ドルを超えていましたが、中国では1万ドル台半ばです。そして公的社会保障制度の整備状況が不十分なままなので、米国との競争が長期化すればするほど、中国は高齢者対策にお金を回す必要があることを意味します。

アメリカの人口動態も決して明るいものではありませんが、高齢化のペース、高齢者の比率、その両方で中国よりは圧倒的に優れています。

二つ目の理由は、「技術の革新性」です。経済成長を規定する主な要素として、労働力と生産性がありますが、後者に影響を与えるのが技術革新です。先に述べた「インド太平洋のための米国の戦略的枠組み」を見ても、「中国に対する米国産業の『イノベーション優位性』の維持」が明記されています。

中国は過去、海外の技術を「強制移転」させたり、海外企業を買収することで技術やノウハウの集積を行ってきた経緯がありますが、アメリカだけでなくG7各国は連携してこうした動きを排除する政策を強めています。またアメリカ企業だけでなく、第三国（たとえば日本）であったとしても、アメリカ政府が重要だと位置づけるアメリカ発の技術の中国への輸出や提供にも縛りをかけています。さらに言えば、中国人留学生や技術者がアメリカのエリート大学で最先端技術を学ぶことも難しくしています。

もちろん、それですぐに中国が音を上げることはありませんが、時間の経過と共に、技術革新の限界費用が高くなっていくのは確かでしょう。

前出のレイ・ダリオは2021年には、アメリカの衰退の方が中国よりも深刻だと考えていましたし、中国の当局者の多くも「時は中国の味方だ」と考えていました。中国のような統制国家から見ると、トランプ現象と国民の分断は国家の衰退に映ったとしても不思議ではないと思います。しかし私はそれをアメリカの柔軟性だと捉えています。

おかしなシステムを壊してくれという声が出て、社会が苦しみもがきながらも新しいシステムに変化させていく方が、膿が溜まらないで済みます。南北戦争を経験しようとも、200年以上も前に書かれた成文憲法がいまだに使われている国はアメリカ以外にはありません。

この捉え方には私個人の人生観、世界観があるのは確かです。もし私が銀行員を続け、自分に嘘をついて「普通」に結婚し、「普通」に家庭を築き、還暦を迎えてから自分を振り返ったとしたら、本当に恐ろしいことになっていた、そう感じるからです。その視点で中国を見ると、中国は習近平独裁体制の強化が進み、「裸の王様」のリスクが高まっています。

悪化するアメリカ人の対中イメージ

現在の中国に対する超党派の強硬な姿勢を支えているのが、アメリカ国民の間で共有されている党派を超えた中国への否定的な見方です。

米調査会社ギャラップが2024年3月に発表した世論調査（18歳以上の米成人が対象）によると、「アメリカにとって最大の敵国はどこか」という問いに対し、41％の回答者が「中国」と答え、4年連続で首位を維持しています（中国に次ぐ26％の回答を占めたのはロシア）。

また、米調査会社ピュー・リサーチ・センターの最新調査結果にもそうした傾向が顕著に現われています。同調査によると、5年連続で10人中8人のアメリカ人（成人）が中国に対して否定的な見方（「好ましくない」）を持っています。今回も81％が否定的な見方を示し、そのうち43％はより否定的な見方（「非常に好ましくない」）をしています。逆に、中国をパートナーと見なす人はわずか6％で、大部分のアメリカ人は中国を「競争相手」

（50％）または「敵」（42％）と見ています。

こうした回答は党派や年齢によって違いもありますが、中国叩きはワシントンのコンセンサスと言えるでしょう。それを象徴する法案が2024年春、超党派の賛成で成立しました。バイトダンス（北京字節跳動科技）に対し、傘下の動画投稿アプリ「ティックトック（TikTok）」を米国企業に売却することを強要する法案です。

この法案の成立が興味深い点は、トランプが法案成立に反対したにもかかわらず、共和党議員がそれを無視して成立させたことです。

トランプは共和党議員に強い影響力があります。一例をあげると、メキシコ国境での不法移民問題に関し、超党派で合意したにもかかわらず、トランプの鶴の一声で合意が潰れました。不法移民問題は深刻な社会問題になっており、これまで移民に寛容であった民主党は非常に苦しい立場に追い込まれていました。このままでは選挙を戦えないと判断し、民主党は移民に対して非常に厳しい内容の共和党法案を丸呑みしたのです。これは民主党にすれば180度の方向転換であり、共和党の大勝利のはずでした。共和党はこれまで望んできたことを全て勝ち取ったのです。

しかし11月の大統領選挙を念頭に、不法移民が社会問題であり続けることを望んだトランプは、共和党議員に圧力をかけ、この法案は廃案となりました。トランプは同じように、ティックトック法案にも反対の声を上げたのです（その理由は、トランプがフェイスブックと喧嘩状態にあること、そしてティックトックから多額の選挙資金の提供を受けていたからです）。

しかし共和党議員の圧倒的多数は民主党議員と一緒に法案に賛成し、この法案をほんの数か月で成立させました。これはワシントンの法案成立としては光速とも言えるスピードです。いかに中国叩きがワシントンで受けるのかを示す良い例でしょう。

「ゴールポストを動かすな」と怒る中国人

バイデン政権は中国に対して最先端技術の移転を制限する政策を、「狭い庭に高い壁（small yard, high fence）」と呼びました。この言葉の意味するものは、軍事転用が可能な最先端技術（14ナノ以下）は厳しく規制するものの、たとえばレガシー半導体（28ナノ以上）と呼ばれる非最先端で多くの既存製品に使用されているものは規制の対象から除外する、というアプローチです。

2022年に米政府は先端半導体とスーパーコンピュータに全面的な対中輸出規制を課

し、2024年7月には日欧、たとえばオランダのASML社や東京エレクトロンにも同じ規制を要求しました。それを見越した中国は14ナノ以上の日欧製品を大量に買い込み、一般半導体を使って軍事技術の革新を続けたのです。

アメリカは現在、最先端半導体だけではなく、レガシー半導体製造に必要な周辺テクノロジーや、すでに中国に販売した商品のソフトウェア更新、メンテナンス、部品提供も制限する方向で動いています。

つまり狭い庭はどんどん広くなり、高い壁はさらに高くなる、という形でゴールポストを動かしているのです。

中国側は当然、ゴールポストを動かすな、そうアメリカに文句を言っていますが、これは日米構造協議における日米の認識の違いと全く同じです。アメリカにとって重要なのは、規制する半導体が14ナノなのか何ナノかはゴールではありません。中国の技術革新とそれに伴う軍事転用を潰すことがゴールなのです。

これが覇権国家の強みです。ASMLにせよ、東京エレクトロンにせよ、アメリカ市場とアメリカのテクノロジーから排除すると脅されれば、選択の余地はありません。

利害関係者ではない私のように外部から見ていると、アメリカはゴールポストを動かしていない、ゴールは中国潰しなのだから、ということが腹落ちするのですが、中国人と話していると、彼らは腹落ちしていないように思えます。

日米構造協議の時の通産省の幹部と同じで、必死でアメリカと交渉し、何とか状況を安定させて一息つきたいと頑張っています。しかし何とか合意しても、すぐにゴールポストが動くので、裏切られたとの思いが拭えないようです。ほんの数年前まで、お互いに「ウイン・ウイン」で仲良くやってきたので、この激変に中々ついていけないのでしょう。

サプライチェーンの再構築（＝中国外し）へ

新自由主義の時代、企業は一つになったグローバル市場を念頭に、利益を最大化するサプライチェーンを自由に追求することができました。その中で中国は世界の工場としての地位を確固たるものにしました。

しかし新自由主義の世界観が信認を失い、「市場ではなく、政治が一番わかっている」という時代が到来すると、サプライチェーンの再構築は企業経営者にとって喫緊の課題になりました。この動きは元々、新型コロナウイルスの流行が引き起こしたサプライチェーンの混乱に端を発したものですが、今では露骨な政府介入が続き、「広い庭に高い壁」の傾向は加速することはあっても、元に戻ることはないと思います。

たとえば台湾の半導体製造メーカーであるＴＳＭＣの場合、米国は66億ドルの補助金を出して誘致しましたし、日本も83億ドル、ドイツは54億ドルの補助金を拠出してサプライチェーンの再構築を図っています。しかもこうした同盟国の政府間では、誰が何ナノの半導体をどのくらい作るのか、将来的にどのような補完関係になるのか、そうしたことを細かく協議しています。

つまりワシントン・コンセンサスで忌み嫌われた政府主導の産業政策であり、通商政策です。

こうした動きに対し、中国の持つ強力なレバレッジの一つは、レアアースに加え、コバルトやニッケルなど、グリーンエネルギーへの移行に不可欠な鉱物資源を握っていることです。それに対抗するため、２０２２年にはＧ７各国が中心となり、ＥＵ加盟国、オーストラリア、韓国、インド、北欧諸国などを加えた鉱物安全保障パートナーシップ（ＭＳＰ）を締結しました。

これがすぐに花を開くわけではありませんし、中国は特に米欧の関係に楔《くさび》を打つ努力を強化するでしょうが、世界のサプライチェーンが経済効率を念頭に構築された時代から、地政学的懸念を色濃く反映したものになる動きは不可逆的なものでしょう。

新自由主義のもたらした国際化の最大の受益国が中国だとすれば、その逆流の痛みを受ける度合いも必然的に大きくなります。その反面、日本のように新自由主義の波に乗り遅れ、生産拠点を全て外に出さなければならなかった国にとっては、「リショアリング（海外に移した生産拠点の自国回帰）」や「フレンド・ショアリング（同盟国や友好国に限定したサプライチェーン構築）」は相対的にプラスの話です。

米中関係に関する三つのシナリオ

大きなシステムとして考えると、新興国が覇権国家にチャレンジする場合、その解決方法は3通りしかありません。

① **覇権国と新興国が戦争で勝敗を決する。**大日本帝国による真珠湾攻撃はこのパターンです。

② **覇権国が新興国にその座を譲る、または新興国が覇権国に跪《ひざまず》く。**前者としては、第一次世界大戦後に大英帝国がアメリカに覇権国の座を譲ったパターンで、後者は1980

年代から1990年代に日本がアメリカにとった態度です。このとき日本は「構造協議」と称する幾多の経済弱体化要求を呑み、国内の生産能力を海外に移転することで自らをアメリカの脅威でないようにしました。

③ **「熱い戦争（ホットウォー）」を避けたい両国による冷戦となる。**第二次世界大戦後の米ソ冷戦がこれに当たります。

アメリカも中国も相手に譲るつもりはないので、選択は①か③です。しかし同時に米中共に戦争は避けたいため、必然的に③になる、それを米中デカップリングと呼ぼうと、新冷戦と呼ぼうと、基本的にこれがデフォルト・シナリオになります。

③の冷戦をメインとすると、①と②では、どちらの可能性が大きいのでしょうか？　私は明らかに①だと思います。つまり台湾有事です。

2021年3月、フィリップ・デービッドソン米インド太平洋軍司令官（当時）は議会証言の際、「（台湾に対する）脅威は向こう10年、実際には今後6年間で、明らかになると思う」、と指摘しています。ワシントンではこの期間を「デービッドソン・ウィンドウ（デービッドソンの窓）」と呼びます。

２０２１年から6年というと、２０２７年ですが、それは、習近平主席が4期目に入る前に台湾を侵攻する可能性があることを意味しているのです。習主席は２０２２年の秋に異例の3期目に突入しましたが、多くの専門家は、習主席が3期で権力を手放すことはない、あるいは政敵に対して「腐敗防止」キャンペーンを仕掛けた結果、報復を恐れて「手放せない」と考えています。ロシアのプーチン大統領と同じように生涯リーダーを狙っていると見られているのです。

しかしその一方、習近平には毛沢東や鄧小平のような偉業がないことから、4期目の続投は必ずしも確実ではありません。中国経済がうまく回っていれば、国民は習近平が最高指導者であり続けることに異を唱えないかもしれませんが、その経済が上手くいっていないのです。米中デカップリングが続き、中国経済がさらに弱まっていくと、社会の不満を逸らすため、台湾侵攻に動くのではないか、それが「デービッドソン・ウィンドウ」です。

日本の経験

日本はこの１００～１５０年で見ると、20世紀初頭、当時の覇権国家である英国と同盟関係にあった時、そして第二次世界大戦後の冷戦期、新しく覇権国家となったアメリカに必要とされていた時、この2回は繁栄を謳歌しました。

しかし1930年代以降、そして1980年代から1990年代、覇権国家のアメリカから戦略的競争相手として執拗に追い込まれた時、日本は非常に苦しみます。

1930年代後半になっても、日本軍部はアメリカとの直接対決を避けるために、軍部なりに妥協を繰り返していたつもりですが、アメリカは日本の牙を取り除くため、圧力の手を緩めることはありませんでした。それ自体は1980年代後半以降の日米摩擦でも同じです。日本が色々と妥協をしても、アメリカはゴールポストを動かすので、事態が改善しないのです。

1930年代も1980年代から1990年代も状況が改善しなかったのは当然でしょう。アメリカは日本を力でねじ伏せることをゴールにしていたからです。

ヘッジファンド界の神様に近いレイ・ダリオやブラックロックよりも3年も前に、私が米中関係の先行きを見通すことができたのは、日本の二度の経験を踏まえ、それを米中関係に当てはめていたからです。アメリカは一度ある国を自らの覇権を脅かす国として認識すると、相手が潰れるまで、決してその手を緩めることはない、それが私のアメリカ観です。紆余曲折はあったにせよ、結果を見ると、大日本帝国は①の熱い戦争で、ソ連は③の冷戦で敗れました。

日本の軍部はジリ貧論・ドカ貧論を議論した末、最終的には希望的観測に基づいて真珠湾攻撃に踏み切りました。戦後は国家の安全保障という首根っこをアメリカに押さえられていたので、１９８０年代から１９９０年代の民主国家日本は、それが無意識であったにせよ、自ら跪く道を選んだのです。

その反面、より遅い成長パス、つまり米国にとって脅威とならないパスを受け入れたことで、国民は強い不満を抱き、自民党は１９９０年代初頭、結党以来初めて下野しました し、その後も有権者が政治家を叩き続け、１９９０年代には首相がのべ９名も誕生することになりました。

確かに国民経済を向上させるという点において、政治は上手く機能しませんでしたが、自民党指導者を含め、国民は自民党の命運と国家の命運が全く別物であることを完全に理解していたので、制度としての議会制民主主義は想定通りに（＝クーデターや謀反なしに）機能しました。

これに対して、戦前の軍指導者の多くは、自らの命運と国家の命運を同一視していたと言えるでしょう。負ける戦争をすれば、一般市民がどうなるのかという視点は軽視され、軍部にとっての地政学的優先課題を守ることが優先されました。実際には全く守れていないので、軍部そのものも解体の憂き目にあうのですが……。

ここに中国の問題があります。中国共産党が自らの命運と国家の命運を同一視しているのは今さら指摘する必要はないでしょう。しかし今では、習近平の命運が共産党の命運とほぼイコールになっています。つまり共産党体制の維持どころか、習近平体制の維持が政策判断のスタート地点にあると思われます。彼がその判断を誤れば、多くの人が不幸になるでしょう。

「弱い中国は危険な中国」

日本の真珠湾攻撃がそうであったように、アメリカは習近平による台湾侵攻は「窮鼠猫を嚙む」形になると考えています。前述したように、人口動態と技術革新の両方においてアメリカに分がありますので、時間の経過と共に中国経済は苦しくなっていく可能性が高いと思います。

バブル崩壊前の日本同様、中国でも不動産が市民にとっての資産価値を維持するメカニズムでした。アッパーミドル階級になると、投資用のマンションを数戸持っている家庭も少なくありません。従来通りのキャッシュフローが将来も続くと信じることができれば、借金をして不動産投資をしていても大丈夫ですが、その見通しが揺らぐと、不動産価値が維持できなくなります。その上、未来永劫右肩上がりだと思っていた資産価値が目減りし、楽に返せると思っていた借金の返済が苦しくなると、当然、消費意欲は衰えます。

これは根の深い問題で、一朝一夕に解決できるものではありません。特に中国の場合、GDP対比で3割近くは不動産関連でしたので、ここが回らなくなると、かなり厳しい状態となります。不動産は裾野が広く、建設業を筆頭に、電気屋から内装屋、左官屋、ガラス屋、家具屋、壁紙屋、不動産の営業マンなど、数多くの雇用を生んでいました。それにとって代わる雇用の受け皿を探すのは非常に困難です。

さらに言うと、中国は、新自由主義の弊害である所得・賃金格差の問題にも直面しており、それは習近平が掲げる「共同富裕」というスローガンに表れています。新自由主義で国が上手く回っている時は、民間のイノベーションを優遇していましたが、所得・賃金格差が広がり、民間の力が競争力の劣る国営企業の脅威になった時、政府は民間潰しに動きました。

たとえば、アリババ集団の創業者である馬雲（ジャック・マー）は、中国版ザッカーバーグと言ってもよい存在で、数年前までは成功者の象徴としてもてはやされていましたが、同社への当局の介入と共に彼は表舞台から姿を消しました。また中国は日本とは比較にならないほどの学歴社会ですが、教育機会格差を増長するとして民間の学習塾も突然、閉鎖させられました。こうした政策は高成長分野の民間を叩き、非効率ですが共産党体制の礎である国営企業に富を付け替えることを意味します。それは短期的な体制の安定には役立つかもしれませんが、中長期的な経済成長の背中を押すものではありません。

習近平指導部は新しい経済の原動力として、「新質生産力」という戦略を推進しています。新たな質の生産力として、ハイテクなどの高付加価値産業の製造力の開発に経済成長の軸足を移すことを狙ったものです。

巨額の補助金を提供し、国内民間需要を遥かに上回る量のEV（電気自動車）やグリーンエネルギー関連商品を大量に生産しています。国内需要を超過した分は海外にダンピング価格で輸出し、市場シェアの獲得を推進してきました。

しかし、世界第2位の経済大国として、国内経済の問題を解決するために外需だけに頼り続けるのは非現実的です。実際、中国は内需を大幅に上回る生産を行い、デフレ圧力を輸出することで海外の競争相手を駆逐しているとして非難されています。

アメリカ、ＥＵ、カナダによる最近の高関税に見られるように、この戦略は他国の対抗措置の引き金になることは不可避でしょう。その意味において、中国は自らの首を締め、グローバリズムを退潮させ、ブロック経済の台頭を加速させているとも言えます。ただ生産のための生産をしていないと、経済が回らない状態なのです。

また中国のＧＤＰ統計は少し特殊で、他の主要国が総支出ベースのＧＤＰデータを用いているのに対し、中国はすべての経済部門の付加価値に基づく総生産ベースで統計を作成しています。理論上、総支出ベースでも総生産ベースでも数値は同じはずですが、中国のＧＤＰ統計の場合、これら二つの算出方法にギャップがあり、しかもそのギャップは拡大していると考えられています。アメリカの非営利経済研究所である全米経済研究所（ＮＢＥＲ）の試算では、２０１０年から２０１６年の中国の公式ＧＤＰ成長率は毎年、約１・８ポイントも過大評価されていた可能性を指摘しています。

「裸の王様」である習近平が「新質生産力」を拡大せよとの号令を発すれば、国内需要を度外視して生産を行うしかありませんし、それによって総生産ベースのＧＤＰ統計が実態よりも強く出るのであれば、部下としては親分を満足させることができます。

しかしハイテク産業の場合、労働集約型の産業ではなく、知識・資本集約型なので、過剰生産をしても、不動産関連等で失った雇用を埋めることはできません。これは社会不安の種となります。

2023年6月に若者（16～24歳）の失業率が21・3％と3か月連続で最高値を更新すると、中国国家統計局はそれ以降年齢別の失業率の公表を停止するという異例の措置をとり、世界を驚かせました。中国の大卒者は2022年に初めて1000万人を超え、その後も過去最高を更新しています。中国教育省によると、2024年夏の新卒者は1179万人でした。人材会社の智連招聘の調査では、2024年、卒業2か月前の4月中旬時点の新卒大学生の内定率は48％にとどまっています。新卒の半数超に仕事が見つからない状況を改善するのは至難の業です。

この20％ペースが続くと単純計算すると、毎年200万人の失業者が出るので、2027年という「デービッドソン・ウィンドウ」の期限までの5年間で1000万人もの若者が就職できずに社会への不満を募らせることになります。

ここで恐ろしいのは、これだけの数の怒れる若者を吸収することができるのは、軍と戦争以外には見当たらない点です。

抑止力向上の必要性

つまりアメリカとその同盟国である日本は、台湾有事に対する抑止力を格段に引き上げる必要があります。

習主席は現在3期目に突入しましたが、2期目までに、「中国の国防と軍隊の現代化建設のための『三段階』発展戦略」を推進し、非常に大きな成果を上げています。これによると、第一段階として2020年までに、①アジア太平洋地域における軍事能力でトップの座を得る、②第1列島線以西の地域を掌握する、③第2列島線以西の地域における作戦能力を保有し使用する、となっていますが、その目標にかなり近づいています。

アメリカの安全保障担当者たちは、オバマ政権下、中国に第1列島線西側におけるミサイル防衛網の構築と、南シナ海の大規模な埋め立ても含んだ要塞化を許してしまったことを悔やんでいますが、後の祭りです。

机上軍事シミュレーションをすると、台湾有事の際、米国のインド太平洋軍が中国に負ける可能性が示唆されています。その主な理由は、中国が「接近阻止・領域拒否（Anti-Access/Area Denial、A2／AD）」戦略を作り上げてしまったからです。単純化して言うと、中国が余りにも多くのミサイルを配備しているので、実際に軍事衝突が発生した場

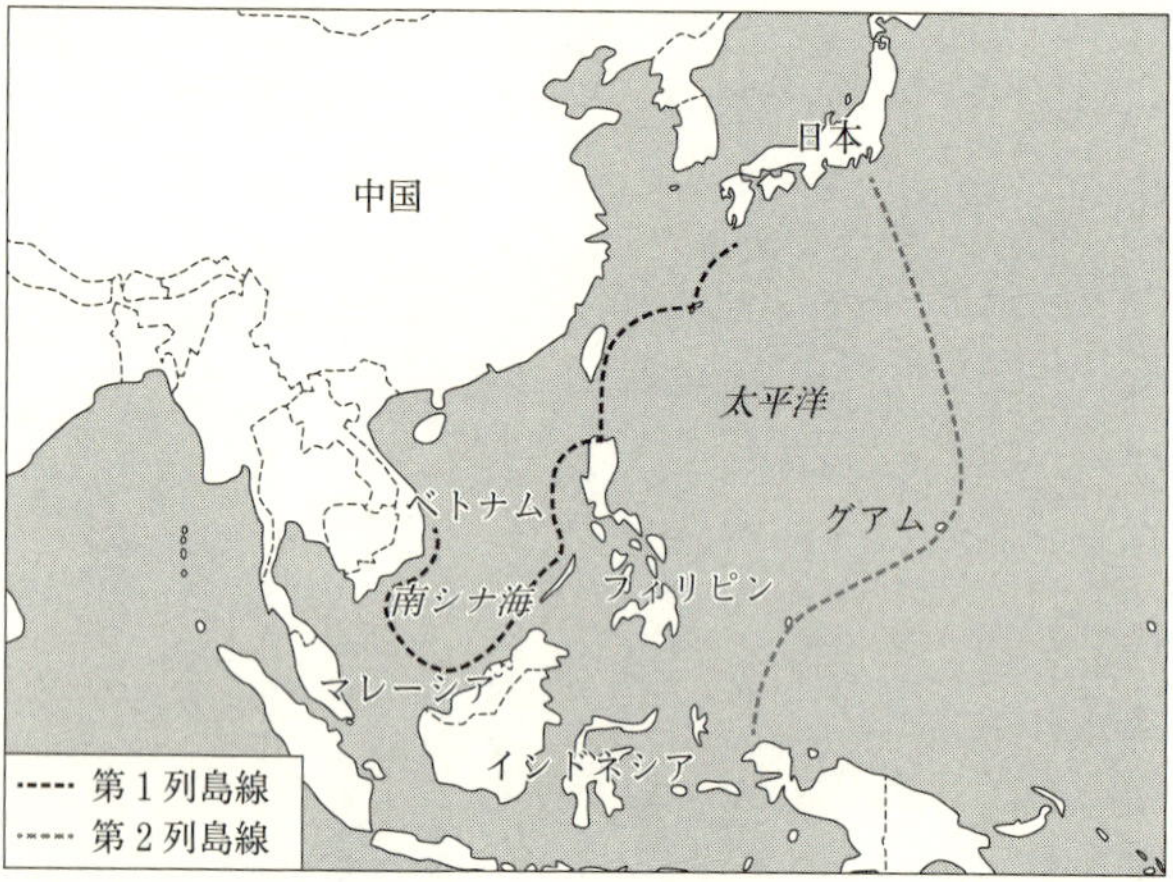

合、米軍は第1列島線の西側では身動きが取れない可能性が高いのです。

米国や欧州の同盟国がこの海域に海軍を送り込み、第1列島線の西側は「自由で開かれた」海であることを誇示しているのもそのためですが、中国海軍も負けじと、第1列島線を抜け、第2列島線の海域での活動を活発化させています。

このポイントはトランプ政権のマクマスター・ポッティンジャー戦略において、明確に指摘されています。「これだけには限らないが、以下を可能とする防衛戦略を考案し、実行する：①紛争時に第1列島線内での中国の制空・制海権を認めない、②台湾を含む第1列島線に位置する国・地域を防衛する、③第1列島線外側は全ての領域で圧倒する」。

また米国と日本は第1列島線に沿って独自のA2／AD展開を計画しています。中国の戦略を採用し、中国の優位性を中和（同じようなシステムが双方にあれば、どちらも使えなくなる）する狙いです。日本は沖縄の南西諸島に自衛隊基地を新設し、スタンドオフ・ミサイル（JSM：Joint Standoff Missile）の配備を進めていくでしょう。このミサイルは中国本土に到達するミサイルなので、陸上・海上・航空自衛隊の全てが「敵基地攻撃能力」、より聞こえの良い言葉にすれば「反撃能力」を持つことを意味します。

テレビで米国や日本、その他西側諸国の艦船がこの地域を通過したというニュースを聞く機会が増えていると思いますが、第1列島線の重要性を理解すると、かなり際どいことになっていることがわかります。またニュース等で島嶼防衛云々という言葉を見聞きする場合、基本的にはA2／AD展開を念頭に置いたもので、中距離弾道ミサイルの話です。

ロシアに先に使われた「対中兵器」

2022年にロシアがウクライナに侵攻した後、ロシアがドル建ての国際決済システム（国際銀行間通信協会：SWIFT）から締め出されたことをご記憶の方は多いと思います。

かなり早いタイミングでスムーズに実施されましたが、なぜあれだけ迅速にできたのかというと、じつはアメリカを中心にG7諸国の間で、中国を標的に設定した模擬演習を行っていたからです。中国が台湾に侵攻した瞬間に、どうやって中国をドル経済圏から隔離するか、その方法を練っていたのです。

ロシアが先にウクライナに侵攻したので、ロシアが最初のターゲットになりましたが、これは対中国の先行テストケースとなりました。

ロシアが中国と違うのは、エネルギー資源が豊富にあることです。エネルギーさえあれば、直接売ることができるし、必要なものとバーターで取引ができます。だからG7諸国によるロシアのドル決済からの隔離は、それほど効いていないのではないかという声も聞かれます。

しかし中国はエネルギー輸入国なので、ロシアのようにはいきません。中国が外国に売るものは商品、製品ですから、基本的にはドル決済が多くなります。中国は人民元での国際決済比率を高める動きを強めていますが、同時に資本勘定の自由化に踏み切る覚悟がないので、ドル決済にチャレンジする日がいつ頃到来するのかは全く見通せません。

中国は世界第2位の経済大国であり、世界最大の輸出国ですが、人民元の国際決済比率は5％以下ですし、外貨準備として保有されているのは2％強に過ぎません。

詳しくは書けませんが、台湾有事が発生すれば、ドル決済から中国を締め出す準備はできている、という話は、ある関係筋から聞いたことがあります。ワシントンの情報筋の間では知られているものの、一般メディアで報じられるほどには知られていないというレベルの話だと思います。逆に考えれば、私が知っているのであれば、中国政府は間違いなく知っているでしょう。

つまりこの話は経済抑止の一環なのだろうと、私は理解しています。

第5章　強い日本の復活

不可逆的な脱デフレ

再び自慢話のように聞こえるかもしれませんが、2021年秋、バイサイドで日本の脱デフレの可能性を最初に唱えたのも私です。1990年代後半の金融危機、2012年秋のアベノミクス・トレードと同様、日本のエコノミスト等には鼻で笑われました。コロナ後の経済活動再開と、それに伴う一時的なサプライチェーンの混乱に起因する海外でのインフレを日本に当てはめているだけで、日本の構造的なデフレがわかっていない、と。

確かに金融危機以降、彼らは日本のデフレは半永久的に続くと論じ、その通りになっていました。アベノミクスでもインフレにならなかったのは事実ですから。それでも私は、彼らの思考回路は「慣性の法則」に縛られている、そう考えたのです。

実際、アメリカのFRBも2021年、同じミスを犯しました。彼らは「グレート・モデレーション」下での物価の動きを研究し、リーマンショック以降はいわゆる「日本化」を恐れるようになっていました。サプライチェーンの混乱は一時的なインフレを引き起こしたが、供給サイドの混乱が一段落すれば、物価は再び昔のような低インフレ環境に戻ると。この思考回路は既存システムを疑い、新しい視点で考えるものではなく、厳しい言い方をすれば、想像力が欠如していたと思います。「グレート・モデレーション」の背景にあったグローバリズムは終焉し、財政政策、通商政策、産業政策といったワシントン・コンセンサスが眉を顰める政府介入の日常化にもかかわらず、低インフレの基調には全く変化がないとの前提を疑うことがなかったのです。

ワシントンのFRBとIMFは世界最高のエコノミスト集団（のはず）ですが、国際金融市場の世界で言うと、アメリカの物価基調が変わったことに気づくのが最も遅かったグループです。物価の後手に回ってしまったことで、翌2022年になると、FRBは近年では例のない0・75％の利上げを毎回会合で続けざるを得なくなりました。

私が日本のデフレも終わると考えた理由は大きく二つです。一つはこれまで話してきたように新自由主義的な世界観に支えられたシステムが変化すると考えたからです。そうであれば、必然的に低インフレ・低金利、つまり「グレート・モデレーション」を支えてきた環境が変化するだけでなく、アメリカの地政学的配慮から日本は勝ち組に入ると考えました。もう一つは第3章の最後に指摘したように、私は人口動態がデフレ圧力にも、インフレ圧力にもなり得ると考えてきたことです。そしてこれからの日本経済で人口減少がインフレ圧力になると判断しました。ここではまず、後者から説明させて下さい。

ゾンビ社員の消滅と人手不足

第3章で、私は皮肉を込めて、「失われた30年」は既存雇用を守るという社会的要請を忠実に果たした「誇るべき」成果だと指摘しました。政策評価の一つの基準は、その政策に込めた狙いと結果の対比です。その意味において、「失われた30年」は社会の意向をくみ取った政治家の対応として、適切であったことになります。

問題は言うまでもなく、それが経済成長を犠牲にするものであった点です。私の仕事は政策の金融市場への影響を見定めることですから、この視点で言うと、大失敗です。

既存雇用を守れと言いつつ、経済成長や所得拡大を求めるメディアや有識者の声を評価すれば、「皆さん、1＋1は5になりませんよ」、それしか返答のしようがありません。

ここで一つ、アメリカの人材コンサルティング業界で有名なアネクドート（小話）をご紹介します。CEOとCIOの会話という設定で、CEOがまずこう切り出します。

「うちの会社でも社員のリスキリングをやっていかないと、新しいビジネスの流れについていけなくなるぞ」

これにCIOが問い返します。

「でも、会社でお金をかけて知識や技術をつけさせた後、他社に引き抜かれたらどうするのですか？」

ＣＥＯの返答はこうです。

「新しい時代に対応できない社員がこのまま居座り続ける方がもっと大問題だろう」

これが、まさに金融危機以降の日本企業です。名目ＧＤＰ成長率が６％程度で成長することを前提にしたキャッシュフローを勘案して賃金を設定した社員は、名目ＧＤＰ成長がゼロ程度になれば、不良資産、つまりゾンビ社員と化します。それでも日本企業は社会の求めに応じ、ゾンビ社員を雇用し続けたのです。

しかし30年の時を経て、企業を圧迫してきた大きな重しが外れ始めています。新自由主義の賞賛する大胆で迅速な企業判断とは真逆のアプローチですが、30年が経過し、ゾンビ社員のほとんどは退職し、企業はようやく身軽になったのです。

「失われた30年」とは、ゾンビ社員が退職するまで待った30年だと換言できます。そしてそこまで待ったことで、１９６ページのチャートが示すように、日本は絶対的な人手不足時代に突入しています。統計では「労働力人口」や「就業者」などそれぞれ具体的な定義がありますが、働ける人、働けない人、求職中の人、そうでない人等を全てすっ飛ばし、生産年齢人口の推移を左軸、正規・非正規を問わず、生産年齢人口の中で働いている人の

絶対的な人手不足

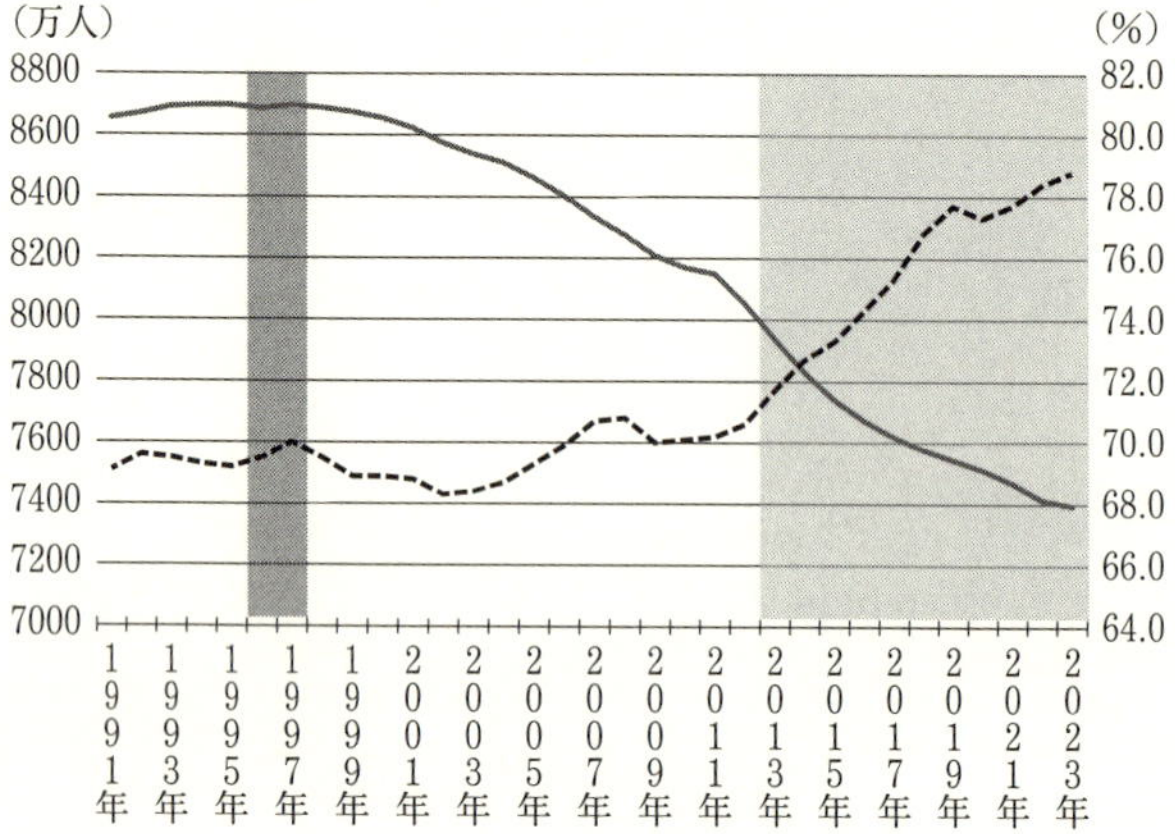

生産年齢人口（15-64歳）、左軸
その内就業者の比率、右軸

（出典：統計局）

比率を右軸に示しました。ここでは詳しく述べませんが、政府統計で発表される「労働力人口比率」や「就業率」を見ていると、ほとんど動きがなく、人手不足の深刻化を可視化しにくいからです。

1990年代後半の金融危機（濃い灰色部分）の後、アベノミクス開始（薄い灰色部分）までに生産年齢人口は約630万人減りましたが、就業者の比率は70%近辺であまり変わっていません。この15年間の正規・非正規雇用の比率を見ると、正規雇用は約450万人の減少を記録していますが、非正規雇用が約650万人の上昇となっています。雇用の維持を突き付けられた企業が、苦肉の策としてコストの高い正規従業員を抑制し、非正規従業員に頼ったことを裏付けています。

この非正規を使う動きは小泉政権時代に始まったものですが、メディアなどはそれを新自由主義的な動きとして非難しました。しかし本当の新自由主義であれば、雇用そのものを削減し、もっと失業率を上昇させていたはずです。

もちろん、就職氷河期を経験した世代にすれば、今でいう「親ガチャ」ならぬ、「時代ガチャ」なので、その世代の卒業生が舐めた辛酸を軽んじる意図はありません。むしろすでに職のある世代が既存雇用の維持を優先したこと、その声に応じて連合等の労働組合が賃金交渉ではなく、雇用維持の闘争を始めたことが問題だと思っています。

アメリカのように雇用が流動化すると、ある世代が勝利し続けたり、どこかの世代が負け続けたりすることは少なくなります。40年近い社会人人生で考えると、多くの人が転職したり、解雇されたりしているので、雇用調整に直面するリスクはより平準化されているからです。

いずれにせよ、アベノミクス以降は、女性をメインとして新しい労働資源を確保したことで、生産年齢人口に対する就業者の比率は上昇を続けており、それ以前の期間と比べると8ポイント近くも高くなっています。先行きを見ると、2023年は生産年齢人口7396万人に対し、就業者数は5833万人ですが、国立社会保障・人口問題研究所による将来の生産年齢人口推計を見ると、2030年には7075万人、2040年には6213万人まで減少する見通しなので、絶対的な労働人口不足は不可逆的なものです。

こうした労働者の絶対数の減少を反映し、アベノミクス以降の正規・非正規雇用を見ると、比率自体はこの10年間、63%対37%程度でほとんど動きはありませんが、正規雇用は約304万の増加、非正規雇用の増加は214万となっています。金融危機以降、アベノミクスまでの15年で正規雇用が約450万人の減少、非正規雇用が約650万人の増加となって環境とは様変わりしています。

ルイスの転換点

経済学には「ルイスの転換点」という概念があります。これは産業革命の際、工業化が進む中で、当初は農村から都市部への労働供給が拡大し、都市部の第2次産業の賃金が下がったものの、農村からの労働供給が出尽くした後、都市部の賃金が急速に上昇した現象をさす言葉です。端的に言うと、リンゴが凶作であれば、リンゴの値段が上昇するように、労働力も不足すれば、その値段は上がることを意味します。

しかしこれまで、日本では人口動態の悪化はデフレ圧力だと考えられてきました。その最大の理由は、ビジネスモデルの破綻を通じた経済成長見通しの低下によるものだと思います。その上で人口動態の悪化する国であれば、不動産価格が下落するし、消費も低迷する。そんな国に投資をする企業はないし、何よりも将来の成長見通しが低下するので、経済の活力がなくなり、経済の体温計である物価も下落し続ける、そうしたロジックです。

現在の中国も基本的に同じロジックで苦しんでいます。私はこのロジックが間違っているというつもりはありません。ただ、「人口動態の悪化＝デフレ」という方程式は明らかにおかしいと考えています。私は悪化する人口動態がその局面次第で、デフレにも、インフレにもなると思っています。

たとえば、２０２１年から２０２２年にかけてのアメリカを見ると、労働人口の減少がインフレ圧力として表面化しています。コロナ禍を受けてベビーブーマー世代が一斉に退職し、移民を含めた人の往来が厳しく制限されたことで、労働力不足が深刻化し、インフレ圧力になったのです。中世ヨーロッパで黒死病が流行った後も、人口の激減した欧州では生き残った人たちの賃金が急騰しています。

しかし人口動態データと、経済の現場で感じる労働者の多寡にはギャップがあることがしばしばです。よく耳にする、「労働需給のミスマッチ」は一つの例です。企業が欲しい人材は不足しているが、いらない人材の供給はあるような状況です。全体としての労働者の数が減少していても、欲しい労働者がいなければ、雇用には至りません。

金融危機後の日本の場合、生産年齢人口の伸びがマイナスになっても、それは企業にとって人手不足にはなりませんでした。まず、既存雇用の維持が社会的要請となったので、企業とすれば、支払っている給与以下のアウトプットしかない社員の雇用を維持しなければなりません。つまり社内に「働かないオジサン」、換言するとゾンビ社員を抱えています。そのコストをオフセットするため、氷河期世代の学生を非正規雇用にすることで全体の労働コストを抑えることにしました。

アベノミクス以降、経済が明確に回復し、企業収益も高まりますが、新自由主義的な国際競争に晒された企業は経済成長見通しの低い日本の設備・人的投資に消極的でした。企業は安価な労働力を求め続け、それまで統計上は「労働力人口」に入っていなかった不活動労働資産、つまり主婦の取り込みが進みました。

しかし196ページのチャートが示していたように、生産年齢人口に対する就業者の比率が、それ以前の70％程度から、80％に向けて上昇を続ける中、私は日本の労働市場が「ルイスの転換点」を超えるのは時間の問題だと考えるようになりました。

前述したように、アベノミクス以降は正規雇用の伸びの方が非正規雇用の伸びを上回るようになりました。後は賃金上昇です。最大のインプットコストである賃金が上昇するようになれば、デフレは終わるはずです。

ただし人間は「慣性の法則」に縛られるので、何かショックがないと、労働環境の不可逆的な変化に気づかないのも事実です。企業経営者も正規雇用を拡大するところまできましたが、賃上げには踏み切りません。

１９９０年代後半の金融危機の前、２０１２年秋のアベノミクス・トレードの前、私は「何かが起きる」、英語で言うと、「Something's gotta give.（その状況を続けることはできないので、何かが壊れる）」と考えつつ、そのトリガーを待っていました。

今回もそれと同じでした。そして２０２１年、コロナ後の経済再開に伴うサプライチェーンの混乱、そして２０２２年のロシア・ウクライナ戦争を見た時、私は日本がデフレを脱却すると論じるようになりました。前の２回同様、多くの市場参加者、特に日本の市場関係者は聞く耳を持ってくれませんでした。

ベア上昇率

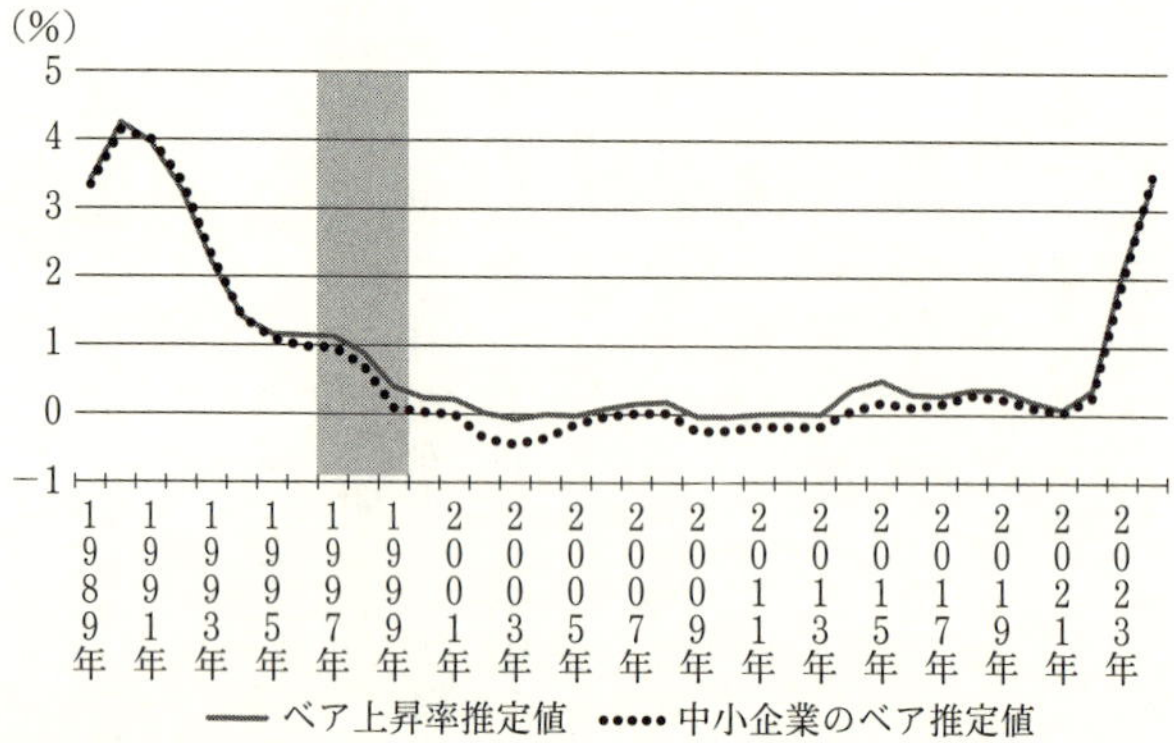

（出典：日本労働組合総連合会、ベアは連合の「定昇相当込み賃上げ率」の最終集計値から1.7%を引いて算出）

そんな市場参加者が見解を変えるようになった理由の一つは、2023年度の春闘におけるベアの復活です。定期昇給とは異なり、ベアは企業にとって、労働コストの押し上げになります。上記のチャートが示すように、1990年代後半の金融危機（灰色の部分）を契機にベアはゼロ近辺に固定され、結果として賃金も物価も上がらない経済になりました。

しかし企業は日本人労働者への投資を再開したのです。労働コストが最大のインプットプライスである時、労働コストをマイナス化すれば、経済はデフレに陥ります。それが真実であれば、その逆も正しいはずです。労働コストが明確にプラス化すれば、経済はインフレになる。

ベアの復活を受け、株価は2023年春に上昇基調に入りました。投資家にとっても、日本の脱デフレが見えるようになったのです。

新自由主義の終焉と日本の復活

新自由主義への移行の下準備は1980年代頃から始まり、1990年代には世界中に浸透して花を咲かせましたが、その最盛期は短いものでした。まず、リーマンショックが発生し、市場メカニズムと金融政策だけでは課題に対処できないことが明らかになりました。財政出動、公的資金導入、銀行規制の強化と政府介入が息を吹き返します。

2010年代半ばになると、ロシアはクリミアを併合し、中国は好き勝手に南シナ海を要塞化するようになります。東海岸と西海岸のエリートたちは「慣性の法則」から抜けきらず、そうした動きを見て見ぬふりをしました。

2016年の選挙でトランプが大統領となり、居眠りを続けたがっている新自由主義者を叩き起こします。2020年にはブレグジットが現実のものとなりました。そしてロシア・ウクライナ戦争（2022年～）は、満身創痍となっていた新自由主義の息の根を止めたのです。経済相互依存が進むことで武力紛争や戦争は起きなくなる、その考え方は瓦解します。

新自由主義の時代、日本と並んで負け組となったのが、冷戦期のヒーローであったNATO(北大西洋条約機構)です。経済優先の時代になり、冷戦構造が終結すると、過去の遺物と化しました。

しかしロシア・ウクライナ戦争が勃発すると、NATOの価値は急騰します。冷戦期もNATOには加盟していなかったスウェーデンとフィンランドも加盟を乞うようになりました。

「市場が一番よく知っている」から「政治家が一番よく知っている」へ、「何が重要? 経済でしょう!」から「何が重要? 地政学でしょう!」へと人々の世界観が変わりつつありました。ワシントンを見ても、ホワイトハウスの経済チームの地盤沈下は明白で、国家安全保障チームが完全にアッパーハンドを取り戻しました。

それまで漂流していたNATOが勝ち組になったのと同じことが、日本にも起こり出しています。ソ連と激しく対立していた冷戦期のように、アメリカという「カジノのオーナー」が再び、日本経済の再生を望んでいるからです。

アメリカは「強い日本」を必要としており、しかも、その必要度合いは冷戦期を上回ります。というのも、アメリカにとって第二次世界大戦後の冷戦の敵はソ連なので、火花を散らすメインシアターはヨーロッパでした。

今度の敵は中国なので、メインシアターは東アジアです。アメリカは強い日本というパートナーなしには有効な対アジア政策を遂行できません。それは誰がアメリカの大統領になろうとも同じです。

第一次トランプ政権時代にまとめられた対中基本政策「インド太平洋のための米国の戦略的枠組み」では、「日本がインド太平洋安全保障構造の中で『地域的に統合され、技術的に進んだ柱』になるよう助力する」と明記しています。つまり、先端技術の分野で日本がアジア太平洋地域のコアになることを助ける、という方針を明確に持っているのです。

実際、それに従い、半導体のサプライチェーンの再構築や、米国のＩＴ企業による日本へのデータセンター投資が相次いで発表されています。２０２２年にはグーグルが日本に１０００億円の投資を行うと発表、翌年にはアマゾンが２兆円超の投資、２０２４年になるとマイクロソフトが４４００億円、オラクルが１・２兆円の投資計画を発表しました。

再び「勝てる席」へ座らされた日本

この100年から150年程度で振り返ると、日本は二度覇権国家に愛され、二度嫌われた経験があります。最初にラブコールを送ってくれたのは、20世紀初頭、当時の覇権国家であった英国です。イギリスは帝政ロシアの勢力拡大を抑えるため、東洋に同盟国を求めました。その結果、この時期の日本は、韓国を併合しても、満州に手を出しても許され、経済的に繁栄します。二度目は冷戦下、アメリカがソビエト・ロシアを封じ込めるため、日本の経済発展を助けてくれた時です。

そして今回、三度目の機会が訪れています。2024年4月の日米首脳会談でも、幅広い分野で協力していくことで合意しました。宇宙開発から核融合、AI、量子技術、脱炭素、バイオを初めとするグリーンエネルギー、防衛装備品の共同生産……中国を意識した日米連携が今後こうした領域を中心に活発化していくことになります。

かつてアメリカに潰された日本の半導体産業に関しては、経済産業省が旗振り役になって「日の丸半導体」を復活させようと試み、何度も失敗してきました。代表例がエルピーダメモリの倒産（2013年に米企業により買収）です。私も失敗すると思っていました。アメリカ、韓国、台湾などの企業が市場原理に則り、一つとなった世界市場で自由競争をしている時に、時代遅れの産業政策で立ち向かったところで勝てるはずがありません。

しかし今では何ナノの半導体を同盟国のどこでどれだけ作り、どこに卸して……ということを政府間で話し合っている状況です。つまり売り手と買い手が自由にビジネスを行うのではなく、経済安全保障を念頭に政府が半導体需給に介入する時代なのです。これまでとは抜本的に異なる環境と言えます。

新自由主義の時代には、企業経営者にとって必要なものを、必要なときに、必要な分だけ調達する「ジャスト・イン・タイム」が理想的なサプライチェーンでした。無駄なものを何も抱え込むことなく、国家の壁を考える必要もなく、効率を追求しさえすれば、企業収益は拡大します。しかし、このビジネスモデルは通用しなくなり、万が一に備えた「ジャスト・イン・ケース」のサプライチェーンの構築を迫られています。

日本政府は飴として補助金を提供し、鞭として経済安全保障推進法を制定することで、アメリカと協調しながらサプライチェーンの再構築を進めていく考えです。

208ページのチャートが示すように、日本企業は1990年代の金融危機以降、国内への投資を控えるようになり、小泉・竹中コンビによる不良債権処理の終了後は実線で示すように海外投資を一方的に増やすようになりました。これは第3章で指摘した論点です。

日本企業は国内投資を再開

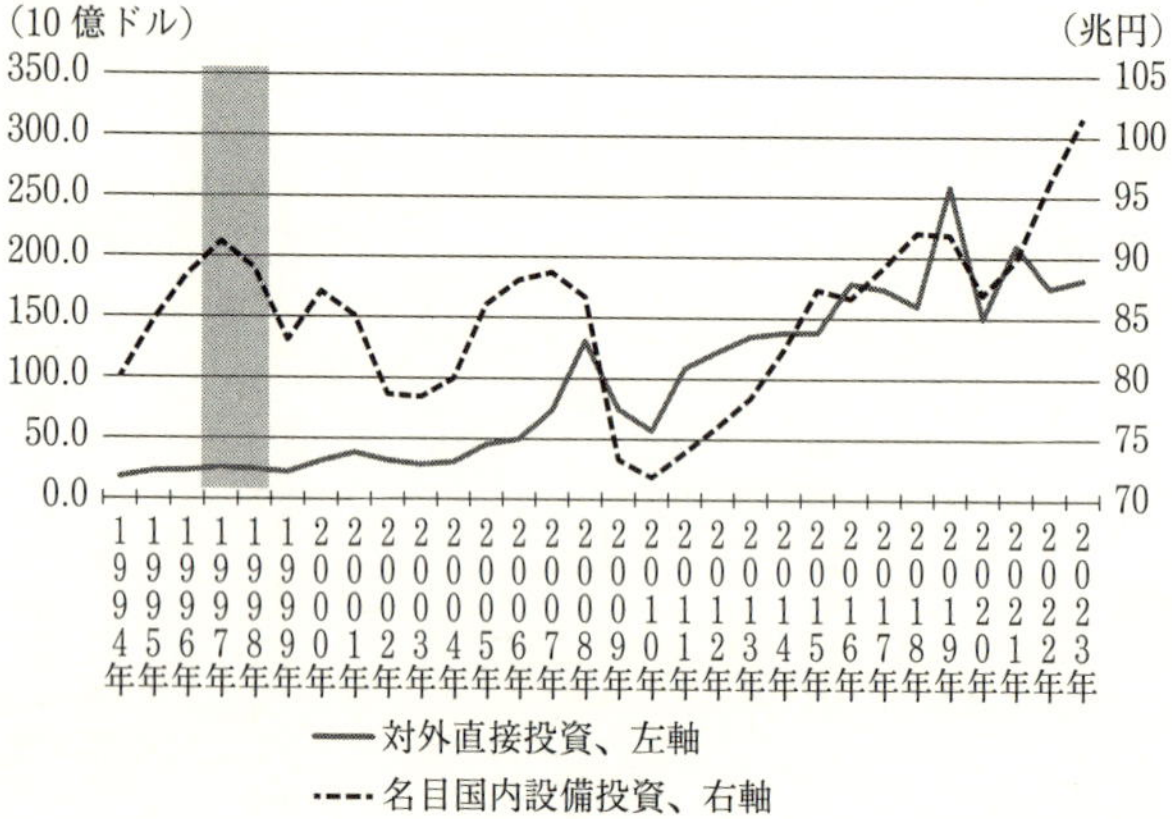

(出典：内閣府、日本貿易振興機構)

１９９７年の名目国内設備投資額を超えたのはようやく２０１８年になってからで、20年の歳月を要しました。

しかし２０２１年以降、新自由主義への信認が揺らぐにつれ、対外直接投資は横ばいとなる一方、日本の国内投資は１００兆円の大台を超えるようになりました。

設備投資と賃金に関する二つのグラフを見ると、日本企業は国内において生産設備投資と人材投資の両方を再開している姿が確認されます。雇用調整を許されなかった日本企業が生き残りをかけ、海外に生産設備を移転し、国内での人的投資を抑制し続けたのが「失われた30年」だとすれば、その逆流が始まっていることは明らかです。

「政財官の癒着」が武器になる⁉

新自由主義による市場ベースの意思決定が揺らぎ、産業政策が許される時代になると、密接な意思疎通が巧みな日本の政財官のゴールデン・トライアングルが再び活躍することが期待されます。

戦後、アメリカに下駄をはかせてもらいながら経済成長をしたとき、日本では政財官が話し合い、コンセンサスを作って国を回してきました。悪く言えば癒着関係ですが、このウェットな関係が日本の強さでもありました。限られた資源を最大限に活用するため、政財官のトップが話し合いながら、マネーを勝てそうな分野に優先的に投下するのです。先行したアメリカの成功事例を念頭に、追いつける分野から始めました。

世界的に経済が比較的クローズドな時代でしたので、コンセンサスに基づく意思決定の弱点である時間的な遅さはそれほど気になりませんでした。またコンセンサスの結果として追求する政策や優先順位は、文字通りコンセンサスなので、後になって批判が吹き荒れて社会が分断したり、混乱することもありません。

しかし新自由主義の時代になり、ルールベースのシステムが確立すると、企業毎の迅速な意思決定が重視されるようになりました。日本風のコンセンサス・アプローチはタイムリーで大胆な決断を阻害する要因でしかなくなったのです。

海外では名物経営者がバーンとリスクをとって、大ナタを振るって不採算部門を切ったり、吸収合併をしながら急成長していくスタイルに移行しました。その判断によって解雇される労働者が大量に出ても、それが大きな社会問題になることはありませんでした。アイン・ランドがその小説で描いたように、独創的な経営者個人の力量にスポットライトが当たるような社会となります。中銀総裁がヒーローになっていったのと同じように、企業経営者もヒーローになり、「ダボス会議」のように世界的に著名な経営者が集まる会議が世界を動かすようになりました。

しかしそうした時代は長くは続かず、「政治家が一番よく知っている」時代が始まったのです。しかもアメリカを見ると、南北戦争以来の激しい社会対立に陥っています。これは企業経営者にとって強い政治的不透明感を意味します。

たとえばEVやグリーンエネルギー政策を見ると、バイデン政権は環境団体や若者などの支持基盤を念頭に、そうした分野に巨額の補助金を供給していますが、自動車業界や一般的な消費者の声、そしてアメリカ社会の現実を十分に勘案した政策とは言えません。

まず、内燃機関の自動車生産は雇用の裾野が非常に大きな業種ですが、EVは雇用創出が非常に限定的なので、多くの労働者の反発を買います。中西部のブルーカラー労働者にとっては死活問題です。

アイビーリーグ大学卒で国際企業勤務の私の友人もEVを購入しましたが、彼の住むワシントンのマンションの地下駐車場には充電設備がないので、結局、EVを手放しました。ワシントンという街はメトロなどの公共交通網もそれなりに発達しており、日々の生活において車が不可欠ではありません。だからこそ、充電ステーションが不足していても、彼はEVを購入したのですが、やはり充電の不便さには勝てなかったとのことです。

国土の広いアメリカ全体でみれば、なおさらです。祝祭日、多くの人が車で長時間の移動をしますので、現在のEVの充電容量では消費者のニーズに応えられないのが現実です。

こうした諸問題は初めから明らかでした。自動車会社はアメリカでのEV需要が低いことを熟知していましたし、労働組合は雇用問題を強く懸念していました。彼らの自由にさせていれば、非現実的なスケジュールでのEVシフト計画は発生していなかったでしょう。「政治家が一番よく知っている」が誤りであることを顕著に示すケースです。

しかも、トランプが大統領選挙で勝利したことで、EVへの補助金は撤廃されるでしょうから、企業経営者は政治によって右に左に振り回されることになります。

現存する世界最古の人造国家であるアメリカでもこの状態なので、EUでの意思決定はさらに困難なものとなっています。同じ通貨を使い、企業が自由に行き来して、域内共通ルールで競争するという観点で言えば、つまり前向きな成長戦略として、EUという制度には多くの長所があります。しかし2009年のギリシャ危機が明らかにしたように、EUとして後ろ向きな難しい意思決定を下す段階になると、各国の利害が紛糾し、遅々とした対応しか取れていません。

経済合理性の観点で言うと、政治による様々な裁量的な介入は、民間がそれぞれ自らのチャレンジに対して迅速、大胆に決断をして動いていくアプローチに大きく劣ります。しかし政治による介入が新しい国際標準となるのであれば、政治介入をより円滑に、効率的に行う国は相対的に有利になります。つまり日本における政財官のウェットな関係は、新しいルールの下では武器になるのです。

たとえば昨今の賃上げの流れを見ると、労働市場が「ルイスの転換点」を超える中、各関係者の見解は急速に収斂《しゅうれん》し、政財官に加えて労組も同じ方向に進むようになっています。すると今度は、賃上げが断れない社会的要請になり、「脱デフレ」を不可逆的な流れとするでしょう。

生産性の低さが「のびしろ」となる

日本の労働生産性が他の先進国と比べて低いということは長い間指摘されてきました。以前、FRBの事務方で金融政策担当のトップを務めていたビンセント・ラインハート元局長とこんな会話をしたことがあります。

「君の国の問題はホテルに行けばわかる。到着するなり、6人もの従業員がバーッと出てきて鞄を持ってくれたり、エレベーターを開けて待っていてくれたりする。あの料金でこんなサービスを提供しているから生産性が低いんだ」

私は彼に言いました、「ビンセント、それは違うよ。私の国は生産性を高めようとしているのではなくて、そうやって雇用を守っているんだ」。

本書の性格上、労働生産性について詳しく語る必要はないので、大雑把な話をすると、製造業、特に国際的な大手製造業の生産性を見ると、日本はOECD諸国のライバルたちと遜色のない勝負をしてきています。つまり日本の労働生産性の問題はサービス業です。ただGDPの7割はこのサービス業ですし、中小企業が約7割の雇用を担っているので、ここが改善しないと、中々経済は上手く回りません。

単純化すると、ゾンビ社員の雇用維持装置として主たる働きをしてきたのが、中小企業のサービス業です。実際の生産性計測は非常に難しいので、再び大雑把な話に落としますと、日本のサービス業の生産性はアメリカの6掛け程度と言われています。しかし逆に言うと、日本のサービス生産性がアメリカの8掛けまでいけば、20ポイント分も生産性が上がることを意味します。

経済成長は働く人の数と一人当たりの生産性なので、もし日本のサービス業の労働生産性が世界有数の水準でトップ争いをしていたとすれば、日本経済が成長し続けるには海外からの移民を大量に受け入れるしか方法はありません。しかしアメリカの6掛けしかないのだとすれば、この部分が当面の「のびしろ」になります。

先ほど、ラインハート元局長とホテルの話をしたことをご紹介しました。構造的な人手不足を反映し、日本のホテル、特に高級ホテル業界は全く違う環境に入りつつあります。ざっくりとした話をすると、便宜的に1ドル100円とする場合、世界的な高級ホテルチェーンであるフォーシーズンズは、東京ではコロナ前、5万円程度で宿泊できました。ニューヨークやロンドンは10万超のイメージなので、半額以下でした。しかし今では東京のフォーシーズンズは10万円超をとるようになっています。

従業員の給料が倍以上になっていることはあり得ないので、急速に内外格差が縮み、結果として労働生産性も急上昇していることになります。従業員がしていることは同じでも、倍以上の料金がとれているのですから。

別の例を挙げると、流通大手のイオンは２０２３年の春闘の際、約40万人いるパートの時給を７％も引き上げると発表しました。イオンは日本で最も多くの非正規従業員を雇用しています。首都圏に展開する食品スーパー大手のいなげやも約４％の賃上げを発表しましたが、間もなくしてイオンに買収（連結子会社化）されました。大手ドラッグストア業界でも同じような再編が進んでいます。

人口動態が何と言おうと、実際の現場に低賃金でも働く人がいれば、業界に多くの会社が乱立し、デフレ型の過当競争になることがあります。しかし低賃金で人が雇えなくなると、賃金を払える企業（たとえばイオン）が払えない企業（たとえばいなげや）を淘汰する時代になります。最終的に利益を確保し、賃金を払うことができる企業だけが生き残ると、その業界は適正化し、そこで働く従業員も毎年給与があがることになります。

私がお世話になった大手都銀で言うと、14行が3行に収斂しました。経済に対して業界競争の規模がある程度は適正化したことで、激しい過当競争を避けられるようになり、どの銀行もそれなりに安定した収益を出せるようになっています。

失業問題を起こさずに労働調整ができる環境

バブル崩壊後、そして特に金融危機後、日本政府の懸念は失業問題でした。失業が労働者の人格否定とも受け止められかねない社会の空気を反映し、政府は雇用調整を避けるため、財政政策を使って企業に補助金をばら撒いたり、日銀の金融政策で企業の借り入れコストを限りなくゼロに近づけたりと、様々な手段を講じました。

新自由主義下のアメリカの場合、レイオフをバーンと発表すると、株価がガーンと上がって、CEOの給料もバーンと上がる仕組みがありますが、日本では到底そんなことはできませんでした。

しかし今、労働市場が「ルイスの転換点」を超えたことから、政府や企業が何もしなくても、より生産性の高い、単純に言えばより高い賃金の支払える企業に労働者が集約されていく環境を手にしたのです。実際、コロナ関連のゼロゼロ融資の終了、物価高、人手不足、賃金水準の上昇を受けて、企業倒産は増加傾向にありますが、失業率にはほとんど変化はありません。

また２０２５年の春闘に向けた事前の動きが出てきていますが、２０２５年も力強い賃金上昇が見込まれています。それと同時に、日銀による金利正常化が進めば、賃金・金利を払えない企業の淘汰が進み、払える企業はマーケットシェアを獲得して安定した収益を出せるようになることが見込まれます。

２０２４年度の春闘では中小企業の賃上げが４％を超えました。これが常態化するのであれば、必然的に４％の賃金が払える企業、つまり競争力のある企業だけが生き残り、そこに限られた労働資源が回るようになります。

これは「失われた30年」の頃と比べ、非常に大きな変化ですが、日本経済の変化を認めないアナリストなどは、日本にはアメリカの「マグニフィセント・セブン（ＧＡＦＡＭにエヌビディアとテスラを加えた米国株式市場を牽引する7銘柄）」のように最先端の技術革新と生産性向上に寄与する企業がないと嘆きます。

私もそれには全く異論がありませんが、最先端の技術革新は「失われた30年」からの脱却とは別次元の話です。「失われた30年」の原因は、日本版「マグニフィセント・セブン」の欠如ではありません。

マクロ経済で考えた時、こうした企業はほとんど雇用を生みませんし、多額の税金を支払うわけでもありません。ここでの議論は、まず日本の雇用の7割を占める中小サービス業の「普通の」労働者の賃金であり、アメリカの6掛けと言われる労働生産性の向上です。

そして私が重視しているポイントは、労働供給が「ルイスの転換点」を超えたことで、既存雇用を守るという社会的要請の重要性が低下し、政治家も企業も自らの手を汚さずに労働者の適正化が進むことです。

実際、30歳以下の若手は引く手あまたで、転職を前向きにとらえたり、最初の就職を将来の起業のためのステップアップと考える人が増えていることは報告されている通りです。

「分断・対立」を免れた日本社会

1990年代以降の新自由主義的世界観は多くの国において、経済格差と価値観ギャップを生み出し、社会の分断と対立を招いてしまいました。しかし日本は既存雇用を守り、自らの生産性と競争力を低下させることで社会の分断と対立が深刻化することを避けたとも言えます。

もちろん、これはあくまで程度問題の話で、日本に経済格差や主義・主張の違いに由来する争いがないと言っているわけではありません。非正規雇用の拡大もあり、低所得者層が増加しているので、日本の所得格差が広がっているのも事実です。ＯＥＣＤによると、日本の経済格差は加盟国平均を少し超える水準です。

しかし日本の場合、高所得者層の水準も低下しています。年収が上位20％に入る水準は金融危機前年の１９９６年の９７４万円をピークに、今では８００万円程度まで下落しました。つまり本書で指摘しているように、新自由主義の結果として格差が拡大したのではなく、皆でやせ細りながら、村の活力を削いできた姿が確認されます。

ビジネスモデルの崩壊に対処できず、全体として地盤沈下する中で、相対的に弱い人が増えたことは確かですが、トップ層がぼろ儲けをして格差が拡大しているアメリカとは事情がことなります。実際、毎年の所得ではなく、その累積を示す資産を見ると、ＯＥＣＤの報告ではアメリカの上位10％が所有する資産は全体の79％ですが、日本は41％と富の集中が最も低い水準の国の一つです。

いずれにせよ、日本では米欧で見られるような分断と対立の激化は確認されません。この国は永遠にやせ細るだけの忍耐ゲームだとの認識が強くなり過ぎたことで、「親ガチャ」という言葉に代表されるように、むしろ諦めムードが漂っています。ただそれは賃金と経済がプラスの循環に入り、定着していけば、時間が解決してくれる問題だと思います。

その意味では、中国の若者に見られる「寝そべり族」の方がより深刻な問題です。時間の経過と共に経済の様々な問題が表面化してくるであろうからです。その年によってブレはあるでしょうが、日本の若者の給料はこれから構造的に上昇基調に入るでしょう。民間シンクタンクの産労総合研究所の調査によると、2022年度までは前年比の上昇率が1%を下回っていた大卒の初任給の2023年度上昇率は2・8%、2024年度は3・85%まで上昇しています。一般財団法人労務行政研究所の調査では、2024年度の高卒の初任給は前年度比で6・5%増、短大卒が6・2%増、大卒、大学院卒がそれぞれ5・4%増、5・9%増としています。

社会の分断と対立を免れ、賃金上昇が構造的に不可逆的となる環境は、日本にとっては大チャンスです。他国では市場原理に従って効率性を追求した結果、経済格差を深めてしまいましたが、これからの日本は、効率性を高めないと人手不足で社会が回らない、つまり逆の悩みを抱えているのです。

大事なポイントなのであえて繰り返すと、「ルイスの転換点」を超えたことで、企業は労働者を確保するためにホワイト化しなければ生き残れない時代に突入します。それは労働者にとって職を選び、自分らしく生きていく機会を提供します。賃金が払えない企業が倒産しても、新しい職場を見つけることは比較的容易なはずです。

企業にしても、部門の統廃合や解雇をしても、昔のように非難されることがなくなりつつあります。また、これまでは支払っている給与に見合うリターンのない社員を抱えていたので、ＩＴ投資などの合理化をせず、余っている社員を使って人海戦術で対応してきましたが、そんな人的余裕は加速度的に縮小していきますので、ＩＴ化は生き残りに不可欠となります。

実際、アメリカのＡＩ企業が日本に来ているのは、労働人口と労働生産性の問題を解決するに際し、ＡＩを導入せざるをえないということ、そしてＡＩを導入しても雇用問題として騒がれることがない、そう考えているからです。

順風と逆風の違い

経済を考える上であまり語られることがないのが、順風が吹いているのか、逆風が吹いているのか、です。優秀な人、クリエイティブな人は放っておいても自分で自分の道を切り開きます。「失われた30年」であっても、ソフトバンクの孫正義会長、ユニクロの柳井正会長、星野リゾートの星野佳路《よしはる》社長など、自らの才覚で道を切り開く人物は必ず出てきます。

しかし経済全体に逆風が吹いていると、その他大勢の「普通」の人のリスク許容能力は下がるので、「私もやってやろう」という人が中々続きません。しかも日本のように村人全員でやせ細る選択をすると、「親ガチャ」として人生を諦めてしまう人が出てきます。

その一方、経済が順風を受けている時は、色々な人がリスクを取るようになりますし、そのリスクが実際に報われる可能性も高まります。単純な話、高度経済成長期にある土地に工場ができるとすると、近所のラーメン屋からクリーニング屋まで儲かるようになるので、もう一軒開こうとか、新しい機械を入れようとか、前向きな思考回路が生まれます。

そしてそれは、台湾の半導体メーカーTSMCが工場を建設している熊本や、日の丸半導体の復権をかけるラピダスが進出した北海道ですでに起きています。

日本には再び順風が吹いている、それを忘れないで下さい。いや、むしろしっかりと認識して下さい。先ほど、逆風下で低所得者層が増えたが、高所得者層の水準も低下したことを指摘しました。しかしこれから順風が吹くようになれば、低所得者の生活は以前よりも楽になりますが、高所得者の水準の伸びはそれより大きく加速するでしょう。チャーチルが指摘したように、市場メカニズムが入ってくれれば、それは不可避です。

念のためあえて言いますが、私は格差拡大を勧めているのではありませんし、本書を読んだ方に金儲けのチャンスが来る、ましてやまわりを出し抜くチャンスだと言っているのではありません。皆さんが何を選ぶにせよ、これまでとは異なる環境になるので、それを明確に認識しつつ、自分に合った、自分が満足のいく選択をする準備をお勧めしているだけです。

第6章　新しい世界にどう備えるか

ヘッジファンドはこの変化をどう見ているか

新自由主義の世界観を改めて振り返ると、経済学で言うところの、いわゆる「パーフェクトエコノミー（完全経済）」を目指すことが、最大の効率化につながるという考え方の実証実験であったといえるかもしれません。ここでいうパーフェクトエコノミーとは、「理論上、完全競争の結果として現出する経済構造」とでもご理解いただければと思います。あるいは、「完全競争の場合、全ての経済活動は瞬時に最適化するので、生産性は最大化し、価格は最小化する」という説明のほうがイメージしやすいかもしれません。

全ての経済主体が完全な情報を持ち、合理的に判断する場合、経済の需要と供給は瞬時に一致し、最適価格（最低価格）で商品とサービスが提供されるので、価格への影響はなくなります。その場合は鞘抜きの機会も消失します。たとえば円の現在の取引価格と将来の価格予想に関し、投資家が全て完全な情報を持ち、全員が同じように合理的であれば、両方の価格は瞬時に決まり、その鞘抜きを狙うヘッジファンドのビジネスも終了します。

鞘抜きをわかりやすい例で言うと、ダフ屋でしょうか。彼らは、コンサートチケットを高値で売ったり、出張がなくなったビジネスマンの航空券を安く買い取り、それをより高く（しかし一般運賃よりは安く）売ったりします。こうした二重価格、三重価格は一次市場メカニズムが完全に機能していないので、二次マーケットや三次マーケットが生まれている、つまり非常に非効率になっていることを意味します。また運送業界や建設業界で発生する下請け、孫請けという構造も経済を非効率にしてきました。

もちろん、パーフェクトエコノミーが現実世界で実現することはありませんが、「市場が一番よく知っている」世界は、それに近づけようとする動きでした。ヘッジファンドは価格のミスマッチを狙うので、あくまで理論上ですが、より多くの人が市場に参加し、現在の円の適正価格、将来の円の適正価格を決めていくことは、非効率な鞘を潰していくことになります。つまり価格発見メカニズムがより適正化され、経済全体の効率が高まるのです。

私が数年前に新自由主義的な世界観が終焉し、新しいシステムに上書きされると指摘し出した時、ほとんどのヘッジファンドが理解してくれなかったことは前述しました。話が大きすぎて、トレードに落とせないという理由以外に、恐らく無意識のうちに脳内慣性が働き、信じたくなかったという要因もあったと推察しています。

新自由主義的な価値観は、一見すると残酷に見えるかもしれませんが、各個人の評価を属性ベースに帰するのではなく、その人の持つ能力や個性に見出すので、一人一人を尊重し、より自由で平等な社会を目指してもいるのです。ヘッジファンドにすれば、自分たちは何も悪くない、むしろ正しいパスを進んでいる、そうした思いがあったと思います。

古典的なレッセ・フェール型の自由主義にしても、身分制度に基づいた社会システムではなく、「市民」が自由に競争することができ、「市民」の間では平等だという世界観は、非常に啓蒙的なものでした。しかし最終的には富の分配が寡占化し、大多数の「市民」の信認を失いました。それと同根の現象が目の前で発生し、日増しに明確化しています。

ヘッジファンドも新自由主義的な流れが逆流していることは理解するようになっているので、通商政策、政府補助金といった産業政策、財政政策、地政学的な優先事項、その他様々な介入が入る世の中をどう生き残るのか、そこに全神経を集中しています。新自由主義の全盛期であれば、資産価格に影響を与える最大の要因は金融政策でしたが、今では資産価格に影響を与える材料が飛躍的に拡大し、複雑化しました。

勝者と敗者を決める要素が必ずしも市場合理性ではない時代をどう生き抜くのか、それを日々呻吟《しんぎん》しながら市場に参加しているのが現在のヘッジファンドだと思います。パーフェクトエコノミーが世界経済を最大化するのに対し、新しい世界はそこから遠ざかっていきます。つまり世界経済そのものは敗者になりますが、その中で「相対的勝者（relative winner)」は誰なのか、それを探す勝負が始まっているのです。

日本は相対的勝者になる

私は日本が相対的な勝者としての有力候補国の一つだと確信しています。ただ日本が戦後の経済復興のような急成長を取り戻すといっているのではありません。私の意味する「相対」とは過去、そして他者の二つとの比較です。まず、過去30年の新自由主義的な世界観における日本のポジションとの対比であり、二つ目は世界経済全体が敗者となる中で、他国との対比で勝ち組に入る、という意味です。

私の好きな言葉に「塞翁が馬」があります。個人の話に落とすと、自身が性的マイノリティであったことは、若い頃に単身渡米するという判断の背中を押してくれました。システムの前提を疑う癖を根付かせてくれたことも今の仕事に大きく役立っています。国家レベルの話でいえば、日本は黒船来航の危機を活かして列強入りに成功するも、強くなりすぎて覇権国家に叩かれました。米ソ冷戦で敗者復活を許されると、持ち前の勤勉さを活かしてV字回復しますが、冷戦の終結と共に再び潰されます。しかし新自由主義への信認が下落し、米中冷戦に突入すると、また覇権国に愛されるようになっています。

さらに言うと、日本が「失われた30年」を選択することができたのは、新自由主義のおかげで世界経済の足腰が強かったからとも言えます。いくら先輩方の残してくれた富の蓄積があったとしても、世界経済がボロボロであったり、ブロック化していれば、世界経済におんぶにだっこで抱えてもらうことはできなかったでしょう。

その意味において、これからの中国は物凄く大変だと思います。日本経済の低迷と似たような構造問題を抱える中、中長期的に人口動態と技術革新性で優れたアメリカとの競争を強いられる一方、世界経済に頼ることも難しくなるでしょうから。中国には「失われた30年」という「贅沢」を実践する余裕はないと思われます。

EUはこの先、かなり苦しい局面が続く

EU諸国はこの先、過去との対比、他国との対比の両方において、厳しい状況に直面していくと思います。新自由主義の流れに沿って、シェンゲン協定、ユーロの導入、EUの設立と拡大など、域内統合を進めてきましたが、EUは宙ぶらりんな共同体です。

彼らはやりやすい所から、あまり議論を呼ばない部分から、まず統合を始め、それが深化する中でより難しい統合に移行するというアプローチを採用してきました。難しい統合

とは、たとえば財政状態を健全に保つ努力をしてきたドイツ人の税金を、南欧の財政赤字補塡に使う財政統合のような案件です。

EUは歴史が浅く、多くの人々は、たとえばフランスやドイツのように、自然発生的な存在だとは認めていません。EUを推進してきたグローバリストは「欧州市民」として国家属性を超えようと努めていますが、道のりは多難です。彼らの価値観は、経済的利益と密接にリンクしている以上、長い時間をかけてその土地に根付いた国家観を大事にする市民からすれば、ブリュッセルが偽善者の集団に映っても全く不思議ではありません。

日本は一つの国なので、東京の税収を地方に回すことに異を唱える日本人は少ないでしょうが、ヨーロッパ国という国はありません。難しい政治判断を迫られる場合、国も民族も言語も文化も異なる人々がフェアだと感じるバランスをとることは至難の業です。実際にEUへの信認は低下し、域内でナショナリズムが台頭する状況になっています。

確かに過去、南欧諸国の国債利回りが急騰するといったこれまでの危機対応を見ると、危機を使って平時にはできないことをやってきたという議論には一定の説得力があります。ある意味では、日本でいう「黒船論」、つまり外圧を使って必要な国内改革を推進するアプローチに似ています。しかし市場の視点で言えば、それはあくまで不足分のキャッチアップに過ぎず、自発的に改革に邁進する前向きの話ではありません。逆に言えば、危機を使わないと、それも導入できない程度なのね、となってしまいます。

またウクライナ危機を見ると、アメリカ抜きにはEUが機能しないことが明らかになりました。EUもできる限り一生懸命にウクライナを支援していますが、アメリカがロシアのプーチンと手打ちをしたら、EU単独で支援し続ける能力も気力もありません。

そしてドイツがその最たる例ですが、新自由主義の時代、経済面での相互依存が深まる中、戦争は起きないという前提でロシア産のエネルギー供給に頼り、14億の民を抱える中国需要を取りに行くビジネスモデルを作りましたが、今これが逆流しています。

つまり強い逆風が吹いている中で、EUは新しい自分を発見する必要にせまられているのです。日本の過去30年のように……。

結局アメリカは強い

アメリカは現存する最古の人造国家ですが、200年を超える長い時間をかけてアメリカという制度をオーガニックなものにする努力を続けてきました。アメリカ人を示すジョークにこんなものがあります。「何をしてドイツ人はドイツ人なのか？　血である。フランス人は？　完璧なフランス語を話し、フランス料理を愛することだ。アメリカ人は？　野球場で起立して国歌を斉唱し、涙することだ」

アメリカ人をアメリカ人たらしめているのは、その人工的な国家理念とそれに基づくシステムに忠誠を誓うことだけです。アメリカ人がそれを体験し、腹落ちさせる瞬間が、応援するチームの敵味方を超え、皆で国歌を斉唱して一つになる時だ、それがこの小話の肝だと思います。

２０２４年の11月に行われた大統領選挙は、両陣営とも、「アメリカのソウル（魂）」をかけた選挙だと訴えてきました。アメリカ人とは何なのか、アメリカとは何なのか、彼らは自問自答に陥っており、お互いに相手がアメリカの建国理念に対する脅威だと指摘しましたが、蓋を開けてみると、アメリカ人は圧倒的にトランプを選びました。上手くいけば、機能不全に陥ったシステムを変革してくれる、そうでなくても、少なくとも信認を失ったシステムを壊してくれる、それが有権者の選択意図です。

そしてこの試行錯誤は世界観の新陳代謝には不可欠です。アメリカの国家設立理念を山頂とすると、そこに達するパスは一つではありません。アメリカは歩んできたパスが間違っていたと判断すれば、新しいパスを探す勇気を持った国です。

私個人の価値観に照らすと、トランプはアメリカの持つダークサイドの多くを体現した指導者という側面を持ちます。しかし人であれ、国であれ、何がしかのダークサイドを抱えながら生きています。本当に自己変革をしようと思えば、それを直視することも必要です。自分を見つける、自分がどうなりたいかという思いに直面するようになった思春期の少年少女が苦しいのと同じです。

私個人の話にしても、人生とは自分に合った山頂を目指す旅なので、行き詰まったら立ち止まり、自分のダークサイド、より正確にはダークサイドだと思い込んでいた自身の性自認との折り合いをどうつけるか、それも含めて右往左往しながら生きてきたと思います。

もちろん、「こうやれば上手くいく」というシステムが機能してきた過去30年との対比で言うと、米国が今現在、苦しんでいるのは確かです。しかしアメリカの強さは神道における「常若《とこわか》」に似ているような気がします。アメリカ建国の理念を追求する努力を若々しく保つため、社殿（この場合は既存世界観）を立て直すことを恐れないのです。アメリカ人の好きな言葉で言えば、「クリエイティブ・デストラクション」、創造的破壊こそがアメリカの歴史です。

より具体的な話をすると、他国との対比でアメリカは依然として有利な立場にあると思います。その他の先進国や中国と比べると、技術革新能力でも一日以上の長がありますし、人口動態面でもマシな方です。また人口動態の問題が表面化するようであれば、メキシコ国境の管理を緩めることが容易にできる国です。

第5章でも触れましたが、2021年から2023年にかけて、FRBはインフレの後手に陥り、大慌てで利上げを繰り返す羽目に陥りました。FRBは政策金利を5％超えの水準まで引き上げたのです。その狙いは、金利をあえて過度に引き締めることで経済活動を軟化させ、賃金コストを顕著に低下させることでインフレを鎮静化することでした。しかし実際には経済活動はあまり低下せず、労働市場へのダメージもほとんどない、いわゆる「ソフトランディング」を経験しています。

なぜなのか？　様々な理由があるでしょうが、一つは産業政策が復活し、政府が財政の蛇口を開いているので、金融政策を引き締めても資本コストが上昇していない企業が存在している点です。たとえば半導体関連やグリーン関連であれば、金利が上昇しても、政府から補助金が出ているので問題ありません。ウクライナや中東での戦争を始め、地政学的な緊張が世界中で高まる中、裾野の広い防衛産業にとっても金利は重要でありません。

別の理由に移民の増加があります。コロナ禍が終わり、経済活動が再開、しかもバイデン政権が2021年に発足して以来、不法移民に優しい政策をとったので、多くの不法越境者を含んだ移民が新規労働力となって労働コストを安定させたのです。先進国では労働コストが最大のインプットプライスなので、賃金の伸び率が安定すれば、物価も安定します。しかも移民はお金を使いますので、経済成長にもプラスの貢献をします。

ただし、不法移民は非常にセンシティブな社会問題になっており、この先も移民が安全弁としてスムーズに機能するかどうかは定かではありません。ただアメリカは移民の国であるのと同時に、移民排斥の歴史を持つ国です。これまでも何度も移民排斥を実施しましたが、長い目で見ると移民の国であり続けています。

移民排斥期間は、日本における「鎖国」期間と似ており、社会として新しい移民を消化するために必要なプロセスだと考えれば、合点がいくかもしれません。しかし日本の鎖国とは異なり、比較的短時間で消化しますし、社会のDNAとして移民の受け入れがデフォルトですので、あまり心配はしていません。

移民に関するポイントは二つだと思います。経済的な理由と、社会的価値観の問題。景気後退局面になれば、移民の受け入れを容認する声は小さくなりますが、現状の経済を見ると、移民が入ってこなくなる場合、インフレが再燃する可能性があるので、むしろ経済的には移民が入りやすい局面です。また白人層だけを見ると、出生率は1台半ばなので、長期的には出生率の高いヒスパニックの受け入れが続くはずです。

実際、トランプは大統領就任後、不法移民の強制送還に踏み切る一方、合法的な移民制度の抜本的な拡大を模索し、永住権を取りやすくする可能性も示唆しています。トランプのレトリックが過激なのは確かですが、リベラルメディアはそれを額面通りに受け止め、ややもするとヒトラーやムッソリーニが台頭したプロセスを想起させる傾向が強過ぎると思います。大統領を2期務めたオバマが強制送還した不法移民の1年あたりの平均値は、トランプを明確に上回っていますし、バイデンの平均値もトランプと同程度です。

厄介なのが社会的価値観の問題です。これまでアメリカの主流であった白人の一部による、人種構成の変化への懸念があるのは確かです。彼らの出生率の低さがそれに貢献しているのですが、それはさておき、新自由主義における社会的価値観の変化があまりに急激であったことで、移民問題を含めて消化できていない国民が多数いるのは事実です。

この問題は、アメリカが新自由主義後の次のシステムを築いていく上で、対処されていくでしょう。実際、合法的な移民制度を拡大するのであれば、それはトランプの方が適していると思います。移民に対する偏見や猜疑心の強い有権者の多くはトランプ支持者ですから、民主党主導のアプローチでは信認が得られないでしょう。その一方、トランプが合法的な移民制度を拡充するとすれば、そこには一定の信認が生まれます。反共主義者として確固たる地位を築いていたニクソン大統領でなければ、北京との国交回復ができなかったのと同じ理屈です。

最後になりますが、アメリカには覇権国としての構造的なアドバンテージがあります。WTOにしろ、産業政策にしろ、FRBによる事実上の近隣窮乏化策にせよ、結局、身勝手に振舞うことができます。あれだけワシントン・コンセンサスを振りかざして説教をしていたかと思うと、自分の都合で手のひら返しです。日本であれば、整合性が云々と騒ぐ人が続出するでしょうが、アメリカは「柔軟」でプラグマティックな社会なので、走りながら新しい均衡点を探すでしょう。

中国とロシア

中国の抱えるチャレンジについては、改めて触れることはしませんが、過去30年と比較しても大負けするでしょうし、他国と比較しても苦しいと思います。

中ロを考える時、彼ら自身がそうであるように、私もアメリカを起点に考えます。アメリカがどう動くかによって、彼らの反応は異なってくるからです。覇権国の立ち位置に対し、中ロは自らのポジションを最大化しようと考えます。このポイントは私の業界でも同じです。まずドルがどうなるのかを考え、その後、ユーロや円を取り巻く環境を評価しますし、アメリカの株式を軸にして、その他の株式市場の魅力を相対的に判断します。

当然、アメリカが具体的にいつ、何をしかけてくるのかはわかりません。特にトランプが２０２５年１月に大統領になる以上、先行きを読むのは容易ではありません。しかし、話を整理すると、二つのアプローチを念頭に置くことができます。一つは、共和党であれ、民主党であれ、対中政策を含んだ安全保障政策の軸を担うのが国家安全保障に長く携わるプロの場合です。トランプ政権の対中政策、具体的にはマクマスター・ポッティンジャー戦略がバイデン政権に引き継がれたように、この言語を話すテクノクラートがトランプ新政権で主導権を握るのであれば、それほど大きなブレは発生しないはずです。

彼らの基本戦略は中国とマラソン競争をして、中国が自らの弱さによって潰れるのを待つアプローチです。政権によってよりアグレッシブであったり、マイルドであったりと匙加減は異なるでしょうが、基本的には米ソ冷戦での枠組みと似た形になります。

ロシアはアメリカのメインターゲットではありませんが、国際秩序を力で踏みにじったことは、ワシントンの安全保障のプロの感性からすると許すわけにはいきません。彼らの見解では、プーチンが勝手に一人でこけている中、アメリカ人の血を流さずにロシアの国力と威信を低下させることができているので美味しい話です。

この場合、アメリカは日本やオーストラリア、それに欧州やインドを巻き込み、中国・ロシア包囲網を続け、中ロが徐々にやせ細るのを待ちます。その一方、中国、ロシア、イラン、北朝鮮といった「抵抗の枢軸」の関係が深まる展開が想定されます。日本が最終的にドイツ、イタリアと三国同盟を結ぶに至った過程と似た圧力と言えるかもしれません。

ワシントンの安全保障のプロたちは基本的にリスクを避ける傾向が強いので、ここでのメインリスクは中国サイドです。具体的には、日本の軍部のように、「ジリ貧」論を嫌い、中国が台湾有事を仕掛ける可能性です。

この最初のアプローチは伝統的、古典的な安全保障のプロの発想を念頭においたものです。しかし最初のアプローチがどこかで行き詰まる場合、またはトランプ政権がリスクをとり、クリエイティブなアプローチで片を付けようと思うのであれば、別のアプローチが指摘されます。それはロシアと妥協して中国に専心する戦略です。

最初にご紹介したアプローチの場合、「抵抗の枢軸」の関係が強化されるだけで、特に中国に時間を与えてしまうという考えにも説得力があります。そこで引き合いに出されるのが、キッシンジャー外交です。ベトナム戦争で行き詰まり、何か新しいブレイクスルーが必要だと判断したキッシンジャーは、ソ連とのデタントに踏み切る一方、台湾（と尖閣諸島）を北京に売り渡すことで中国にも接近します。その結果、元々仲のよくないソ中はすぐにいがみ合うようになり、ソ連の凋落を早めることになったと考えられています。

これは当時、東京にとっては大ショックになりましたが、クリエイティブなアプローチでした。現状に当てはめると、アメリカはプーチンと手打ちをし、ロシアのメンツが立つ形でウクライナ戦争を終結させれば、中ロの協力体制は一気に弱まるので、アメリカは中国に専心できるという考え方になります。また中東情勢を安定させるうえでも、ロシアを引っ張り込めば、アメリカはかなり楽になります。

トランプはウクライナを露骨に見捨てる必要はなく、そのつもりもないでしょう。アメリカの支援がなければ、ウクライナは戦争の継続ができないので、トランプはそれをレバレッジとしてウクライナのゼレンスキー大統領を交渉の場に引きずり出すことができる。その一方、ロシアのプーチン大統領に対しては、交渉に応じない場合、ウクライナに供与したアメリカ製兵器をロシア領内に対する攻撃に使うことを認めると脅すことになります。

キッシンジャー外交における最大の敗者は台湾であり、日本も負け組となりました。このアプローチが仮に実践されるとすれば、ウクライナが最大の敗者で、EUが日本に相当する負け組になると評価されます。

トランプの関係者にはこのアプローチをとるべきだとの声が根強くありますし、私もトランプはこちらを選択する可能性が高いと考えています。この場合の日本にとってのリスクは、幾つか指摘されますが、まず、中国がアメリカとEUの分断に動くことです。EUには単体でウクライナを守る力も意思もないので、アメリカがプーチンと手打ちをすれば、EUは裏切られたと思うでしょうし、アメリカの対中政策をサポートする意欲も低下すると思われます。その場合、アメリカは日本に対してより強固なパートナーとして振舞うことを求めるので、日本は矢面に立たざるを得なくなります。

もう一つのリスクは、中国の習近平主席が台湾侵攻のタイミングを早める可能性です。アメリカがプーチンと手打ちをし、中東を安定化させることができれば、その全神経が中国に向かうことになります。その場合、アメリカの準備が整う前に動く、つまり台湾侵攻に踏み切る可能性が高まるとの声がワシントンにはあります。

この話は幾らでも可能なシナリオが想定され、全く別の本が書けるくらいの内容なので、ここではこの程度にさせて頂きます。

インドに与えられた「特別な地位」

過去や他国との対比で最大のチャンスを迎えているのがインドです。冷戦期に日本が、そして冷戦終結後の新自由主義の時代に中国が経験したように、今後のアメリカの庇護はインドの成長に大きな追い風をもたらすことが予想されます。

実際、インドはウクライナ戦争勃発後も、ロシアとの経済的・軍事的関係を維持していますが、アメリカから何のペナルティーも受けていません。モディ首相はプーチン大統領と熱いベアハグ（抱擁）を交わす仲でもあります。そんなことが許される国は他にないでしょう。

さらに言えば、モディ政権に批判的でインドからの分離運動に関与するシーク教徒を、インド政府はアメリカやカナダで暗殺する動きさえ見せていますが、基本的にはお咎めなしです。それが「覇権国家の庇護」です。

インドが享受している「特別な地位」はそれだけではありません。アメリカの大学では今、インド人留学生が歓迎されるようになっています。米大学への留学生で最大のシェアを占めているのは依然として中国人ですが、その数はピーク時から減少しています。それに対し、インドからの留学生は急速に伸びており、減少傾向にある中国人学生の穴を埋めるようになっています。重要な点は、ＳＴＥＭ（サイエンス、テクノロジー、エンジニアリング、数学）分野への留学アクセスです。人文学といった米中競争には関係ない分野では、アメリカは中国の学生を金蔓《かねづる》として受け入れていますが、ＳＴＥＭ分野へのアクセスを絞っています。一方、インドの留学生のほとんどはＳＴＥＭ分野に集中しています。

アメリカにとってインドは、ＱＵＡＤ（中国を念頭においた日米豪印による協力枠組み）のメンバーとして中国を囲い込むうえで欠かせないロケーションにあるだけでなく、次の世界経済の成長エンジンと目されてもいます。

１９９０年代、私がクリントン政権の財務省関係者に対し、世界第2位の日本経済を潰したら、国際経済はどうなるのか、そう聞いた時のエピソードを思い出してください。その時の回答は、アジアのドラゴンで時間を稼ぎ、中国を引き込むという趣旨のものでした。今、ワシントンでは同じ議論が繰り返されています。世界第2位の中国経済が潰れたら、世界はどうなるのか？　そのカギはインドです。インドを中国の代替に育てる、と。実際、インドは人口動態が味方しているので、その可能性はあるでしょう。

ただし、こうした好条件に恵まれているものの、インドがこのチャンスをうまく使いこなせるかどうかは定かではありません。韓国や中国の場合は、戦後日本のビジネスモデルという成功実績のある手本がすぐ隣にありました。他方、インドは東アジア諸国とは様々な理由から「異質」です。すでによく知られている課題（たとえば、煩雑でわかりにくいビジネスルールや法体系）をひとつひとつ克服しながら独自の成長モデルを構築していく必要があります。

チャンスを活かすか、傍観するか

いくら機会があっても、それをつかめない場合もあります。20世紀のフランス大統領、シャルル・ド・ゴールはかつて、「ブラジルは未来の国だ、そしてこれからも未来の国であり続けるだろう」と揶揄しました。ブラジルは豊かな国土を持ち、大きなポテンシャルがあるけれど、与えられたチャンスを活かすことができないという意味です。

私は日本がこのチャンスをつかむことができると考えています。

日本を苦しめてきた新自由主義的な世界経済体制は綻《ほころ》び、何か新しいものにとって代わられるでしょう。今はその過渡期ですので、具体的に何がどうなるのかはわかりません。

紆余曲折、トライアル・アンド・エラー（実験と失敗）を繰り返しながら、新しい均衡点が生まれ、それを支えていくシステムや価値観が構築されていくことになるはずです。

欧州の貴族政治や、江戸時代の徳川体制を見ると、非常に少数の世襲特権階級が「大きな政府」を運営し、巨大な裁量権をもって圧倒的多数の生活に介入することが許されたシステムでした。その後、振り子は古典的な「小さな政府」に振れ、それが行き詰まると「大きな政府」に振れました。再び振り子を「小さな政府」に戻したのが新自由主義ですが、今、明らかに振り子は「大きな政府」の方向に振れています。

西側民主主義国は政府介入を強めているだけでなく、中ロでは強権政治が加速し、より強烈な振れ幅で「大きな政府」化しています。世界を見渡すと、今はまだ、その振れ幅に関するコンセンサスがなく、カオス状態です。しかしたとえば地球の誕生を見ても、宇宙空間のガス、塵、微惑星などがぶつかり合ったり離れたりしながら塊になっていきました。それと同じように、何がしかの均衡点が生まれるはずです。

その中心にいて、重力の役割を果たすのが覇権国家なので、アメリカは最後、自分に都合の良いシステムを作り出し、それを正当化する世界観を広めようとするでしょう。もちろん、それが上手くいくとは限りませんし、冷戦時代のように、二つの極が並立したり、群雄割拠の世界が訪れるかもしれません。

いずれにせよ、この30年を規定してきたルールは書き換えられます。では国家としての日本の立ち位置はどうすべきでしょうか？　またこの本を読んでいる皆さん個人の立ち位置はどうすべきでしょうか？

答えはありません。同じ状況を眺めているヘッジファンドにも答えはありません。しかしヘッジファンドはポジションをとる必要があります。わからないからといって見て見ないふりをしても、現実はそこにあります。では、必死に考えてそのチャンスを活かそうと努力するのか、何もせずに傍観者となるのか。その違いは大きいと思います。

答えはわかりませんが、全く白紙の世界を見ているわけではありません。知っていることを積み上げ、変化する情勢に応じて見解を修正し、自分の腹に落ちるポジションをとる、それはヘッジファンドの仕事も、皆さん個人の生き方も同じことだと思います。

日本のなすべきこと

またとないチャンスが日本に巡ってきたことはすでに多くのページを割いたので、それ自体は繰り返しませんが、私の大雑把なイメージを共有させて下さい。

アメリカが覇権国家であり続けることができるのか、それはわかりませんが、確率論で言えば、その確率はかなり高いと思います。アメリカの株式市場の一人勝ちやドル高にしても、投資家の多くがアメリカを有力視していることを示しています。

アメリカが中国を抑え込むことを国策としている以上、アメリカが次に描く世界秩序の中には日本がどうしても必要になるので、それを踏まえて美味しい場所を取りに行く努力を継続することは有益だと思います。その意味において、私は岸田政権が非常に素晴らしい功績を上げたと考えています。世界の転換期とは新しいルールが書かれる時だ、岸田総理はそれを明確に理解した上で日本の存在感を高めることに尽力しました。かれこれ30年以上、ワシントンにいますが、岸田総理のように歓待された日本の首相はいないと思います。日本では岸田総理をあまり面白くない、あまり何もやっていない首相のように言うことがありますが、ワシントンや国際金融市場の評価は全く逆です。

米軍にとってこれまで、日米同盟の最大の価値はインド太平洋地域における米軍の展開拠点として使うことができる点でした。自衛隊にしても、戦後の冷戦下、ソ連や中国が日本に侵攻するシナリオは非現実的であり、アメリカと一緒に戦う軍隊というよりも、地域安定のために東アジアに駐屯する米軍の抑止力の補完という意義が強かったと思います。

しかし経済相互依存によって軍事衝突は最小限となるという新自由主義のロジックは破綻し、台湾有事は現実的な懸念となっていますし、北朝鮮の軍事開発も歯止めが外れてしまいました。こうした環境変化の中、岸田総理は防衛費の倍増、反撃能力の保有、日米韓関係の再構築という結果を出したので、ワシントンの評価は著しく高いものでした。そして自衛隊をアメリカ軍と「サイド・バイ・サイド（共に）」で戦う「実際の」軍隊に変質させるという趣旨のワシントンでの演説は、ポスト新自由主義の日本は真の意味でアメリカの軍事パートナーになるとの強い意思表示として受け止められたのです。

その意味では、私は２０２４年秋の衆議院選挙の結果、連立与党が過半数を割り込んだことを強く懸念しています。野党の協力なしでは法案が成立させられない、また野党次第でいつでも内閣不信任決議案が可決する環境ですので、与党政権はどうしても内向きになり、莫大なエネルギーを野党対策に使うことを強いられます。

特にアメリカ大統領選挙でトランプが勝利したことで、より迅速で柔軟な意思決定が要求される中、日本政府が全力で美味しい立ち位置を取りに行くことができないとすると、せっかくのチャンスを活かせないことになってしまいます。

一方で国内経済を見ると、この25年、賃金と物価が共に低迷するデフレを経験しましたが、「ルイスの転換点」を迎える今、政府は賃上げの流れをさらに後押しする必要があります。これまで政治的にできなかったゾンビ企業の淘汰は賃金設定メカニズムが行ってくれるので、政府が表立って手を汚す必要はありません。

岸田政権はそれを理解していたので、最低賃金を引き上げたり、個別の業界の流れを後押ししました。たとえばトラックドライバーの2024年問題を見ると、価格転嫁に非協力的な荷主名を公表し、政府が価格転嫁に本気であるという強いシグナルを送っています。しかもドライバーの労働時間の減少に伴う所得低下を上回る賃上げを推進しています。こうした動きは業界再編を促し、競争力のある賃金を払える体質への構造変換になります。

デフレ経済で安価な労働者がいたことから、非効率であった下請け、孫請けといった構造が成立していましたが、労働力が確保できなくなれば、簡素化されていくしかありません。その意味では、パーフェクトエコノミーに近づくことになります。

労働者の希少性が高まる中、日銀が徐々に金融政策を正常化することは、市場メカニズムを通じて労働者の雇用の適正化をさらに推し進めることになります。日本企業を全体として見ると貯蓄超過なので、穏やかな金利の引き上げによって経済全体がおかしくなる可能性は著しく低いはずです。一方、金利が経済に戻ることで、金利が払える企業、賃金が払える企業が希少資源である労働力を確保していきますので、経済の足腰が強くなります。

家計も貯蓄超過なので、金利が戻ることはマクロ的にプラスです。デフレであれば、「キャッシュ・イズ・ゴールド」ですが、インフレの世界になると、マネーを運用する必要があります。しかも前述したように、少数の富裕層が金融資産の多くを占めているのではなく、比較的薄く広く配分されているので、日銀による穏やかな利上げにより、家計は全体として勝ち組となります。

また民間活力を高めるため、肥大化した「官」での雇用を適正化する必要もあります。今後、デジタル化やリスキリングを進めるのであれば、公的セクターから民間セクターに雇用を誘導することが大事になると思います。たとえば介護の分野でデジタル化を進め、3人でやっていた仕事が1人でできるようになるのであれば、残りの2人が公的セクターに残るのではなく、民間に流れるようなシステムを作る必要があるでしょう。

経済成長にとって、人口動態が懸念材料であるのは確かですが、ここで一例として挙げたトラック運送業界、介護など、サービス分野の生産性が他の先進国に比べて低いことは、成長の「のびしろ」なのです。

しかし生産性チャンネルで時間を稼いだとしても、いずれは労働力の絶対数不足に直面するので、海外の労働者を受け入れる準備をする必要があります。岸田政権は技能実習制度の代わりに、育成就労制度を導入しましたが、これは最終的に永住許可に繋がる道を確保するものです。今はまだ、アメリカの6掛けといわれるサービス業の生産性チャンネルがありますので、永住許可へのハードルは比較的高く設定されていますが、今後はその柔軟な運用が望まれます。

市場メカニズムは敵ではなく、味方になる

こうして書き出してみると、私のイメージする次の時代の日本の姿が見えてきます。金利・賃金という市場メカニズムを使うことで、競争力のある企業に労働力とマネーが流れることを奨励すると同時に、官を縮小し、外国人労働者を増やす。これはすなわち、新自由主義の時代に日本ができなかったことです。

丸まる一周遅れなのですが、日本はこれから新自由主義的に市場メカニズムを使った構造改革をすることになると思います。他の国が「無理に」新自由主義を導入した結果、社会を分断させてしまったのに対し、日本はバブル崩壊と金融危機ですでに傷ついた社会のさらなる分断を避けるため、低成長、非効率の道を選びました。

他の国が「無理をして」世界経済を回している間、そのお世話になることで、日本も何とかやってきましたが、ここからは封印してきた市場メカニズムを使う時です。しかも市場メカニズムを使っても、痛みがほとんどありません。

さらに言えば、家計の金融資産の１０００兆円以上が現預金に積みあがっています。他の国はインフレがあったので資産運用をしてきましたが、日本はこれからです。アメリカの代表的な株式指数であるＳ＆Ｐ５００種の株価をベンチマークに使うと、過去20年の平均リターンは年率８％ほどでした。仮に半分の５００兆が資産運用に回り、４％リターンであったとしても、年間20兆の収益が出ます。これは名目ＧＤＰの３・３％に相当するので巨額の収入が家計に入ることになります。インフレ率を２％だとすると、実質でも２％のリターンがあるので、10兆円の実質所得増加です。

これだけの新規ポテンシャルを持った国は他にありません。１９９０年代後半の金融危機後の経済対策による現金給付とは桁違いのスケールですし、しかも毎年続く話なので、消費に回しても大丈夫だと考える家庭も増えるでしょう。

つまり日本にとって、市場は敵ではなく、味方の時代が到来するのです。

一方、政府関与を高めるべきところは、地政学的な立ち位置をしっかり確保し、サプライチェーンの再構築や将来の成長産業に上手にお金をつけてあげることです。政財官の連携に長けた日本なので、他の国よりも効率的にそれを行うことができると思います。ただ繰り返しますが、政権与党が非常に脆弱なことが強い懸念材料です。

個人としてなすべきこと

1990年代の頭、今と同じように世界秩序を支える根幹となる統治観が大きく変化をしていた時、私はリスクをとる決断をしました。キャリアの面でも、自分の人生という面でも、自己実現という大袈裟ですが、自分の選択をしてきたという満足感はあります。世の中が大きく変わる時、必ず新しい勝者と敗者が生まれます。人は必ずしもタイミングを選ぶことはできませんが、そうしたチャンスが運よく訪れる場合、そのタイミングをつかむためにリスクをとるかどうか、それはその人次第です。

皆さんの好きな歴史上の人物を想像してみてください。信長でも、龍馬でも、誰でも構いません。信長や龍馬が、徳川泰平の三代将軍家光の時代に生まれていれば、信長は「信長」になれなかったでしょうし、龍馬も「龍馬」にはなれなかったでしょう。

天の時は選べるものではありませんが、私は今がそのタイミングだと思います。しかも私が渡米した１９９０年代初頭とは異なり、日本に対して順風が吹きだしているのです。順風か、逆風か、第5章で指摘したように、これは生きていく上で大きな違いを生みます。特に若い世代の方であれば、世の中は変わらないなどという諦めを捨て、これから起きる様々な変化の中で、自分の居場所を見つける準備をしておくべきでしょうし、その準備が報われやすい環境になると私は信じています。

それが本書を書いた理由です。銀行のビジネスモデルは破綻したので、これからは逆風が吹くと私は考えました。また個人の生活の質という点でも、１９９０年代の日本であれば、私がトランスジェンダーを公言して生きるには新宿歌舞伎町で勤めるか、テレビタレントの道を目指すしか道がなかったように思います。そこで私は日本を離れるという大きな決断をしました。キャリアを築く上でも、自分らしく生きる上でも、順風が吹いているところに行けばよい、そう考えてリスクをとりました。しかしこれから日本に順風が吹くのであれば、日本にいながらにして様々なリスクがとりやすくなるでしょう。若い人はもちろん、女性、高齢者、マイノリティを含め、前向きの選択肢が増えるはずです。

読者の皆さまがこのチャンスをつかんで悔いのない人生を送られることを祈りつつ、筆をおきたいと思います。

齋藤ジン（さいとう じん）

在ワシントンの投資コンサルティング会社共同経営者。1993年に単身で渡米。ジョンズ・ホプキンス大学高等国際問題研究大学院修士。投資関連コンサルティング業務を営む米国のG7グループを経て、2007年、オブザーバトリー・グループを米国で共同設立。ヘッジファンドを含むグローバルな機関投資家に対し、各国政府の経済政策分析に関するコンサルティングを提供。本書は初の著書。

文春新書

1478

世界秩序《せかいちつじょ》が変《か》わるとき
新自由主義《しんじゆうしゅぎ》からのゲームチェンジ

2024年12月20日　第1刷発行
2025年7月25日　第15刷発行

著　者　齋藤ジン
発行者　前島篤志
発行所　株式会社　文藝春秋

〒102-8008　東京都千代田区紀尾井町3-23
電話（03）3265-1211（代表）

印刷所　理想社
付物印刷　大日本印刷
製本所　大口製本

定価はカバーに表示してあります。
万一、落丁・乱丁の場合は小社製作部宛お送り下さい。
送料小社負担でお取替え致します。

ISBN978-4-16-661478-3